Testi: Stefano Sibella
Coordinamento editoriale: Federica Magrin
Coordinamento grafico: Viviana Cerrato
Impaginazione: Eugenia Brini
Coordinamento produzione: Maria Rosa Puca

Referenze iconografiche: DeA Picture Library; Federica Magrin & Lucillo Magrin (pp. 12-13, 101, 225).

Nuova edizione: ottobre 2014
Redazione: corso della Vittoria, 91 – 28100 Novara
www.deagostinilibri.it

Prestampa: GFB srl, Sesto San Giovanni (MI)
Stampa: DRUK-INTRO SPÓŁKA AKCYJNA - Polonia - 2014

dalla A alla Z

animali

DeAGOSTINI

SOMMARIO

Farfalla posata su un fiore

Che classe fai?

Zoologi ed etologi ritengono che le specie animali conosciute siano almeno un milione e mezzo, benché suppongano che molte debbano ancora essere scoperte (si stima vi siano fra 5 e 30, c'è chi dice 100 milioni, di specie ancora non identificate), e che il 99% di quelle, innumerevoli, che hanno popolato la Terra nel corso di 2,5 miliardi di anni, fin dall'apparizione cioè delle prime forme di vita, si siano estinte.

Coccinella dai sette punti

La classe più numerosa è rappresentata dagli **invertebrati artropodi** che conta quasi 900.000 specie, di cui 800.000 solo di **insetti**… 100.000 sono le specie classificate di **molluschi**.

Tra i vertebrati, il primo posto spetta ai **pesci**, con 25.000 specie; seguono, con un certo distacco, gli **uccelli**, 8600; i **rettili** con 6000; i **mammiferi** con 4500 e gli **anfibi** con 3000 specie.

Tra i mammiferi, la specie più numerosa è quella dei **topi**,

Topo selvatico

Facciamo l'appello!

Gli scienziati hanno a più riprese provato a calcolare il numero di individui o di esemplari di una specie, di un genere o di una famiglia di animali che popolano la Terra: i risultati sono strabilianti. Si calcola, infatti, che a fronte di 7 miliardi di **uomini**,

Taci, microbo!

I **microbi** sono più numerosi delle stelle: 5 milioni di trilioni di trilioni e popolano tutto il pianeta, dai vulcani sottomarini, ai laghi antartici, dalle barriere coralline, alle viscere delle miniere.

Attraversano gli oceani a cavallo di un granello di polvere o di sabbia. Una scatolina delle dimensioni di un dado può contenere fino a 9 bilioni di microbi, mentre quelli che

Batteri presenti nel Lago Natron (Tanzania)

complessivamente più di un quarto di tutti i mammiferi che popolano la Terra, mentre la più diffusa è la nostra, quella dell'**uomo**.
Gli insetti rappresentano dunque oltre la metà del totale delle specie, mentre i mammiferi solo lo 0,25%. I quattro quinti degli esseri viventi è costituito pertanto da **insetti**, che, da soli, sono più numerosi di tutti gli individui delle altre specie messi insieme. I **coleotteri** inoltre, sono la classe di insetti più diffusa, il 90% circa del totale.

Ape europea su fiore

Farfalla occhio di pavone

vivano sul nostro pianeta 5000 bilioni di **insetti**, pari a 5 milioni di miliardi! Che in un solo ettaro di terreno striscino non meno di un milione di **vermi**, **lombrichi**, **bruchi**… Che i **pesci** siano almeno 100 bilioni e pesino complessivamente attorno agli 838 milioni di tonnellate, mentre gli **anfibi** non superano il bilione. Nel cielo volteggiano almeno 100 miliardi di **uccelli** e 2 miliardi di **rettili** sopravvivano ancora ai profondi cambiamenti evolutivi delle specie viventi.

vivono nell'organismo umano sono decine di trilioni. Gli **stromatoliti**, colonie di batteri arcaici, risalenti a 3,4 miliardi di anni fa, sono la più antica forma di vita mai rinvenuta sulla Terra. Il virus più piccolo, il **parvovirus**, misura 18 miliardesimi di metro, il più grande sfiora il millimetro.

L'esercito dei protozoi

Diffusi in tutti gli ambienti, i **protozoi**, classificati in ben 30.800 specie, sono gli animali più piccoli: **amebe**, **nematodi**, **ciclopidi**, **rotiferi**, **parameci**, **pulci d'acqua**, costituiscono un mondo brulicante di microscopici organismi viventi, perlopiù acquatici.
Unicellulari, formati cioè da una sola cellula, assumono a volte forme fantastiche e immaginarie, come i **foraminiferi** e i **radiolari**; altre volte invece, sono brutti e dispettosi, come nel caso del **plasmodio** o dei **parassiti**, che possono trasmettere all'uomo malattie come la malaria.

Farfalle fuori dal comune

Solo un **centinaio di specie**, sulle 160.000 conosciute, di farfalle e falene sono carnivore, si nutrono cioè di insetti e ragni. Le **armi dei bruchi predatori** consistono dunque in robusti carapaci, trucchi olfattivi, abili **camuffamenti**, grazie ai quali si trasformano in pezzi di corteccia, pronti a sbranare una termite, in parassiti, nutriti e accuditi, in virtù del loro **odore seducente**, dalle formiche, cui spesso, oltretutto, divorano le uova e le larve.

Bestiame allo stato brado

Però, ce n'è di polli in giro...

Anche se non si sa ancora con precisione quante siano le specie in via di estinzione, o quelle estintesi dall'inizio della civiltà (c'è chi parla di più di mille specie scomparse negli ultimi 500 anni, mentre attualmente le estinzioni procederebbero, secondo gli studiosi, al ritmo di 27.000, forse 40.000 all'anno), sono circa 70 miliardi invece, dieci volte la popolazione della Terra, i **capi di bestiame** allevati ogni anno dall'industria zootecnica e avicola, oltre il 90% dei quali finisce sulle

Apparato boccale di una mosca domestica

Dove osano le mosche

Le **mosche** sono la specie che meglio di ogni altra sa volare, più dei pipistrelli, di qualunque uccello, persino di ogni insetto, comprese le api. Esse, infatti, possono virare sei volte al secondo, volare in verticale, all'indietro, compiere giravolte, spericolate **acrobazie**, atterrare sul soffitto… E tutto con un cervello più piccolo di un semino

nostre tavole senza aver mai razzolato, zampettato, brucato o pascolato in una fattoria, all'aperto, alla luce del Sole. Di questi, circa 60 miliardi sono **uccelli**: polli, galline ovaiole, tacchini, anatre e altri volatili da cortile.
Tra i quadrupedi, i **bovini** sono 1,4 miliardi, i **maiali** superano l'1,2 miliardi di capi, mentre gli **ovini**, pecore e capre, sono quasi 1,3 miliardi e vivono prevalentemente nei paesi del Terzo mondo o in Nuova Zelanda, dove ce ne sono più di 16 per ogni abitante. Quasi scomparsi gli **asini** e i **muli** dalle fattorie occidentali, in diminuzione il numero di **cavalli** e animali da traino, (sono nel mondo non più di 150 milioni), i **bufali** sono ancora abbastanza numerosi, circa 200 milioni, mentre i circa 30 milioni fra **dromedari** e **cammelli** sono concentrati perlopiù in una decina di paesi asiatici e nordafricani.

Maiale

Mosca su un fiore

e una dozzina scarsa di muscoli. Tuttavia, gli **occhi composti**, che consentono alle mosche una visione panoramica, a 360°, in grado di rilevare ogni più lieve movimento, e **peli** e **antenne** come sensori che ne indirizzano il volo, ne fanno dei *top gun* dell'aria.

Mosca verde

Il mondo è un formicaio

I *mirmecologi*, gli scienziati che studiano le **formiche**, stimano che nel mondo vivano almeno 10 milioni di miliardi di questi straordinari insetti, e che la loro biomassa sia più o meno equivalente a quella di tutti gli uomini messi assieme. Popolano tutti gli habitat, con l'eccezione dei Poli e dei ghiacciai, e per la stragrande maggioranza degli altri insetti rappresentano il principale **predatore**. Per quanto le 12.000 specie classificate costituiscano solo l'1,4% del totale degli insetti della Terra, il loro peso complessivo, la loro biomassa, assomma al 10%. Sebbene il loro cervello pesi meno di un milionesimo di quello umano, le formiche popolano il pianeta da più di 140 milioni di anni, sono sopravvissute ai dinosauri, e probabilmente non avrebbero difficoltà a sottrarsi a una catastrofe prossima ventura in virtù di un'**organizzazione sociale rigida**, ma **efficientissima**, di una straordinaria abilità nel difendersi e **reagire alle minacce esterne**, e di una notevole **bellicosità** nel condurre la guerra sul campo, grazie a sterminati eserciti di impavidi legionari.

Lotta tra soldati di formica

Gruppo di formiche rosse mentre trasporta un bruco

Le **formiche uncino**, lunghe 1,5 cm, vivono in grandi colonie nella foresta, all'interno di vecchi tronchi, e si difendono dai predatori o "uncinandoli", trafiggendoli cioè con i loro affilatissimi ganci, o agganciandosi l'un l'altra fino a saldarsi in un corpo solo, in grado di respingere l'attacco dei nemici.

Le combattive **formiche bulldog** australiane sono ancora più grandi, 2,5 cm di lunghezza: simili a vespe senza le ali, si servono di una vista acuta, di forti mandibole "dentellate" e di un pungiglione velenoso per tendere agguati, appostate tra i fiori, e acchiappare al volo, api, insetti e altre specie di formiche.
Alcune specie di **formiche tagliano pezzi di foglia**, le sgranocchiano e le riducono in poltiglia, le ricoprono di escrementi, poi le conservano in speciali magazzini all'interno del formicaio. Con questo concime, fertilizzano il loro orto giardino, dove seminano spore da cui cresceranno ottimi **funghi**.

Altre formiche si rivelano ottime **mandriane** e mungono dei piccoli insetti, gli **afidi**, che conducono al pascolo di peso (dopo averli sottomessi, sedati, ma anche protetti dai predatori, a cominciare dalle coccinelle), reggendo il gregge sulle spalle… Li lasciano poi "brucare" indisturbati, su piante dove possono trovare linfa fresca e nutrimento in abbondanza.
Del "latte" prodotto dagli afidi, una sostanza dolce, zuccherina, la *mielata*, ma anche del nettare dei fiori, s'ingozzano, fino a gonfiarsi, le formiche "**cisterna**", il cui compito è quello di appendersi a testa in giù, in un cunicolo del formicaio, dispensando cibo alle operaie affamate.

Formica rossa

Formiche rosse mentre "allevano" degli afidi

Ci sono poi formiche **mietitrici**, che raccolgono e immagazzinano semi di cereali in granai ricolmi di provviste, formiche **carpentiere**, preposte alla pulizia e manutenzione del formicaio, e formiche **schiaviste**, le quali catturano gli "schiavi" destinati a svolgere nella colonia i compiti più pesanti e pericolosi, compiendo frequenti incursioni e irruzioni in altri formicai, o nei nidi di altre specie. Alcune formiche si tuffano addirittura nella "brocca" della *Nepenthes*, una pianta carnivora che raccoglie molta acqua nell'ascidio (foglia a forma di bicchiere) da cui ricava le sostanze necessarie a digerire gli insetti caduti in trappola, e, come tante **palombare**, recuperano i cadaveri degli insetti annegati e caduti sul fondo.

Le **regine** e i **maschi** delle formiche hanno le **ali**, che dispiegano solo per i voli di accoppiamento, al termine dei quali atterrano sfinite. I **maschi** muoiono, mentre le femmine perdono le ali. Poi, le **regine** si mettono alla ricerca di un luogo sicuro dove deporre le uova e fondare una nuova colonia.

Formiche rosse

Ricostruzione di un formicaio in sezione

Fabbricanti di miele

Le **api** vivono nell'alveare, in colonie, o sciami, composte da un'unica femmina fertile, la regina, da migliaia (20-25.000), di femmine sterili, le operaie, e da qualche centinaio di maschi, i fuchi, o pecchioni. La **regina**, fecondata una sola volta nel corso della sua vita, che dura 4 o 5 anni, dai voli nuziali dei fuchi, provvede alla deposizione delle uova. Più grande di operaie e fuchi, è provvista di un pungiglione e di un addome capiente, ma è priva dell'apparato per la raccolta del polline.

I **fuchi**, votati esclusivamente alla inseminazione della regina, di dimensioni maggiori delle operaie, hanno una ligula troppo corta per succhiare il nettare dei fiori, non dispongono né di pungiglione, né degli organi preposti alla raccolta del polline e sopravvivono una sola stagione. Le **operaie** vivono in media 30-45 giorni, tranne quelle nate in autunno, che svernano nell'alveare e, nell'arco della loro breve esistenza, svolgono tutti i compiti necessari al benessere della colonia. Come la **costruzione dei favi**, con la cera prodotta da speciali ghiandole mandibolari, nelle cui cellette esagonali la regina depone le **uova** (fino a 2000 al giorno), che tre giorni dopo si schiudono.

La **larva** (poi pupa) muta ben cinque volte prima di sfarfallare, tre settimane dopo, come ape operaia, la quale, una volta "sbucata" dall'opercolo, si concede solo una piccola pausa di riposo per asciugare i tegumenti. Operosa già alla nascita, fino al 18° giorno di vita, provvede alla **pulizia e manutenzione** delle arnie e dell'alveare, da dove rimuove quotidianamente le scorie. Nel ruolo di **nutrice**, imbocca

Alveare

Nido di api

la regina, scambiando con essa messaggi chimici odorosi, i feromoni, che trasmette, poi, a tutta la colonia, e alimenta le larve con la “pappa reale”. L’ape operaia riceve, inoltre, il nettare dalle **bottinatrici**, lo trasforma in miele, e lo immagazzina nei favi. Nelle calde giornate estive, con un frenetico battito d’ali, si unisce alle compagne per rinfrescare e **ventilare l’alveare**, per offrire sollievo alla regina, favorendo in tal modo anche la maturazione del miele, da cui evapora l’umidità in eccesso. Durante i rigori dell’inverno invece, le api si accalcano nelle “**glomere**”, degli ammassi d’insetti di forma sferica, dove, al pari dei pinguini, ciascuna, a turno, dall’esterno si ritroverà nel calduccio al centro dello sciame.

Tra il 18° e il 20° giorno di vita, l’operaia inizia a esplorare i dintorni dell’alveare, assumendo prima il compito di **guardiana**, di sentinella, di **soldato**, pronta a sacrificarsi fino alla morte per difendere, da minacce e intrusioni, la casa comune (l’organizzazione sociale delle api è quella di un superorganismo, una vasta comunità di individui interdipendenti tra loro), poi quelli di **bottinatrice**, incaricata di localizzare e raccogliere **acqua**, **nettare**, **polline** e **propoli**.

L’ape vola così, instancabilmente, nei prati e nei boschi, alla ricerca di fonti, stagni, abbeveratoi; si posa sui fiori per aspirare dai calici, con la “ligula”, il **nettare**, che ripone nella “sacca melaria” per trasportare il prezioso carico all’alveare, nelle cellette su cui vigila una giovane ape **magazziniera**; raccoglie il **polline** sugli stami, la parte maschile

Api operaie nel favo

dei fiori, con le mandibole, poi lo "impacchetta" nelle curbicole o "cestelle" delle zampe posteriori, adibite ad alloggiare, a mo' di stiva, anche il **propoli** (la resina delle piante), e la **mielata**, la secrezione dolce di certi insetti che le api raccolgono sulle foglie. Quando individuano una fonte di cibo nei pressi della colonia, le api **danzano** per segnalare alle compagne l'esatta ubicazione di un campo fiorito. Lo stesso avviene quando sono alla ricerca di una nuova dimora durante la "**sciamatura**", che avviene puntualmente nel momento in cui l'alveare è troppo affollato e la regina lo abbandona seguita da un certo numero di operaie. Le **esploratrici** forniscono allora alle compagne le coordinate geografiche indispensabili per giungere a destinazione, ma la colonia si mette in marcia solo dopo l'unanime approvazione dello sciame, che, attraverso un complesso sistema decisionale, valuta la bontà o meno della scelta.

Api europee

Libellula

Ladri d'amore

Per molte specie di animali, accoppiarsi è un'esperienza spaventosa, quando non fatale! I maschi delle **libellule** ignorano del tutto il corteggiamento e, con le buone o con le cattive (morsi, strattoni, minacce d'affogarle), agguantano femmine ignare, non ancora "mature", sottoposte a punture, trafitture, lacerazioni dell'esoscheletro, maltrattamenti, che molto spesso si rivelano mortali. Prima di accoppiarsi i maschi dei **solifugi**, degli aracnidi, si avvicinano cauti alle femmine, per timore… di rappresaglie! Una volta scoperte le intenzioni dei corteggiatori queste, infatti, potrebbero divorarli, prima di dover subire una violenza inaudita, con tanto di zampe e addome spezzati, o di essere ferite a morte.

Rappresentazione di alcuni solifugi

Rubacuori

Nonostante i suoi difetti, è aggressivo, prepotente, rissoso, con un carattere impossibile, e non è certo un adone, pelato com'è, con un nasone a proboscide lungo quasi più della testa, l'**elefante marino** è un grande conquistatore: nel suo harem, fanno bella mostra 80 mogli a… stagione.

Anche la **raganella** non è una bellezza! Figurarsi quando gonfia la gola come un palloncino per attirare le femmine in riva allo stagno, dove la coppia convolerà a nozze e deporrà tante belle uova che… gli sposi, però, abbandoneranno subito, per tornare, ognuno, alle proprie occupazioni.

Il maschio della **fregata**, un grosso uccello marino grigio, per accalappiare una compagna usa una tecnica simile: gonfia la sgargiante, scarlatta, sacca golare a forma di cuore, emette grida stridule e fa vibrare le ali, lunghe anche più di 2 m, senza sosta, finché una femmina, ammaliata, non si decide a strusciare il becco sulle sue piume e a posare dolcemente il capo sul "gozzo" acceso come un semaforo.

Nella stagione dell'accoppiamento, lo **svasso maggiore** delle paludi europee, cambia il colore del piumaggio del collo da grigio cenere a rossiccio, sfodera due ciuffi di penne nere ai lati del capo e si lancia in quello che gli ornitologi chiamano "il ballo del pinguino"… I fidanzati, impettiti, vanno l'uno incontro

Elefante marino in una tavola pittorica

Maschio di fregata

all'altra nell'acqua dello stagno (sul terreno si muovono in modo goffo, poco elegante), come per aprire le danze, e in effetti…
Il maschio piega il lungo collo, emerge trionfalmente con tutto il corpo, poi, quasi sospeso sull'acqua, batte vorticosamente le zampe, come se si librasse in volo. La femmina fa altrettanto, poi, a un tratto, la coppia si offre reciprocamente, come insolito pegno d'amore, un **bel ciuffo d'alghe**: peccato che a entrambi quel boccone poco succulento non piaccia! Infine, si rifugiano nel loro nido d'amore sull'acqua…
Quando è ora di mettere su famiglia, il **pesce spinarello** si colora di un bel rosso vivo e si esibisce in una complessa danza rituale fatta di guizzi acrobatici e giravolte; intanto, senza smettere un attimo di corteggiare le femmine, sceglie con cura un luogo lussureggiante d'alghe e di piante dove piazzare il suo **nido d'amore**, che senza perdere altro tempo, comincia a tessere con fibre vegetali sottomarine e un filamento naturale che esso stesso produce nel corso della sua estenuante parata nuziale.

Spinarello durante la fecondazione delle uova

Alce

L'**alce**, per attrarre le femmine, sfoggia il suo enorme palco di corna nuove di zecca (di quelle vecchie si sbarazza con le buone o con le cattive), di cui le compagne, che ne sono prive, sono invidiosissime! Inoltre, si produce in muggiti tremendi, in danze frenetiche, in duelli con i tanti rivali.

Il **panda**, pur di far colpo, fa la verticale… Si appende a testa in giù, per depositare il più in alto possibile, sulle cortecce degli alberi, urina e altre secrezioni: l'irresistibile, personalissimo richiamo olfattivo con cui spera di attrarre una femmina della specie. Esibizione acrobatica che riesce però solo ai più agili e snodati; gli altri si accucciano, o sollevano una zampa, strofinando le ghiandole anali alla base dei tronchi, in pratica a terra.

Il maschio della **lucertola sceloporus**, a sua volta, mette in mostra i muscoli facendo un numero infinito di flessioni sulle zampe anteriori.

Quel romanticone dello **scricciolo azzurro splendente** di Australia e Tasmania, seduce le femmine offrendo loro, col becco, il petalo di un fiore giallo, incurante dei predatori a caccia nei paraggi.

La femmina di **fringuello zebrato** e quella del **canarino** scelgono il compagno per le sue virtù canore, la sua abilità nel gorgheggiare e intonare originali canzoni d'amore (incredibile a dirsi, la stessa cosa fanno i… **topi**), mentre le **rondini** si innamorano e perdono la testa per i maschi con la coda lunga; i **tucani** d'ambo i sessi si lanciano addosso… la frutta!

Nel periodo degli amori, la **pulcinella di mare**, un uccello marino che popola le coste del nordeuropa, indossa, sull'abituale becco grigiastro, una sorta di variopinta mascherina, costituita da placche cornee rosse, gialle e blu, che cadono da sole dopo… il matrimonio!

Le **lucciole** brillano nella notte, in virtù di una complessa reazione chimica che ne illumina a intermittenza l'addome; la luce emessa, il loro scintillio, non è altro che un segnale per riconoscersi, incontrarsi e comunicare tra loro nella fase di corteggiamento che precede l'accoppiamento.

Pulcinella di mare

Dongiovanni

I riti di corteggiamento dei **manachini collodorato**, passeriformi della foresta pluviale centramericana, consistono in spettacolari esibizioni acrobatiche che si svolgono in un *lek*, un'**arena nuziale collettiva**, dove i maschi, dopo aver ripulito il terreno da foglie e rametti, e aver circoscritto ciascuno la propria pista da ballo, si lanciano in **danze sfrenate**, tuffi carpiati, salti mortali, il tutto condito da ripetuti **schiocchi delle ali** che ricordano lo scoppio di una girandola di petardi. Più il numero è impeccabile, la posa statuaria, il piumaggio giallo sotto il becco dritto e rivolto, come un invito, alla femmina di turno, maggiori sono le possibilità dell'uccello di accoppiarsi, benché, in seguito, non fornisca alla compagna nessun tipo di sostegno: niente nido, cibo, cure parentali, o difesa contro i predatori. Forse per questo, a fecondazione avvenuta, la femmina lascia il *lek*, per non più rivedere il suo campione…

Anche per gli **uccelli del paradiso** della Nuova Guinea attrarre una compagna è una forma d'arte. Il palcoscenico è costituito, anche in questo caso, da un angolo di foresta ripulito da fogliame e detriti e disseminato di radici, come tanti petali sparsi sull'altare di una sposa. Le pretendenti scrutano inquiete, sui rami sovrastanti, il maschio che sfila come un **modello in passerella**, mostrando al pubblico il costume sfarzoso, le piume sgargianti; poi, dopo un profondo **inchino**, l'uccello gonfia il torace per mettere in mostra il lucente **ventaglio pettorale** e apre la **danza**: ritmata, frenetica, il collo infossato, il capo che oscilla, le penne e i nastri ornamentali che sobbalzano e disegnano nell'aria fantastiche figure di cuori, di comete, di farfalle, di gioielli…

Uccello del Paradiso coda a nastro

Dopo tanta ostentazione, gli uccelli del paradiso ottengono il premio desiderato: una femmina risponde all'invito e, con uno squillante richiamo, il ballerino le piomba addosso, scomparendo con lei in un turbine di piume variopinte.

Baco da seta

BELLI DI MAMMA

Tutti gli animali hanno una mamma, ma non tutti nascono nello stesso modo. Alcuni, come i **castori**, i **pipistrelli**, i **vitellini**, escono dalla pancia della mamma già belli vispi. Altri, come le **civette**, i **calabroni** e un sacco di **pesci**, nascono da un uovo deposto dalla madre.

La **farfalla** fa la complicata! Fin da quando è ancora un **bruco**, che è piccolissimo quando nasce, si abbuffa fino a diventare grosso e comincia a secernere dalla bocca una bava filamentosa in cui si avvolge tutto, come in un involucro di finissima seta: il **bozzolo**. Adesso il bruco si addormenta placido, e mentre sogna di tessere un giaciglio gigantesco, cresce fino a spezzare il bozzolo da cui, pian piano, strisciando, lascia spuntare la testa... Poi, all'improvviso, **si libra in volo** con le ali variopinte di una splendida farfalla.

Tutti gli **uccellini** nascono da **uova**, proprio come i **coccodrilli**, le **tartarughe**, i **pesci** e i **serpenti**. Mentre gli uccelli covano le uova fino alla schiusa riscaldandole col loro calore, gli altri "ovipari" le affidano al tepore dei raggi del Sole.

Sfarfallamento di occhio di pavone

La femmina del **pesce luna** depone fino a 300 milioni di uova per volta. Quelle dell'**insetto stecco**, a dispetto del nome, sono grandi come noccioline.
Le uova deposte durante la stagione delle piogge dalla **rana arboricola dagli occhi rossi**, una rana tropicale dalle lunghe, sgraziate zampe arancioni, rimangono in balia per giorni, prima della schiusa, di vespe e serpenti, che ne divorano intere covate, adottano uno stratagemma sorprendente...
Se attaccati o minacciati, gli embrioni sono in grado di schiudersi in pochi secondi, benché prematuri, e i girini di guadagnare in un momento la pozza d'acqua più vicina e la salvezza! Ma ciò che più sorprende, è l'abilità degli embrioni di decifrare, attraverso le vibrazioni della sacca gelatinosa che li contiene, i segnali esterni: sia che si tratti del vento o della pioggia, o dell'agguato di un predatore, e di quale se un serpente morde la nidiata fluttuante, le uova cercano di divincolarsi in massa, mentre nel caso dell'aggressione di una vespa, si apriranno solo quelle più prossime all'attacco…
Un temporale invece, difficilmente le sommergerà.

Pesce luna

La carica dei 101...

Alcuni animali mettono al mondo un piccolo alla volta, altri una cucciolata, o una nidiata, altri ancora uno sciame intero… Se le **mucche**, i **cammelli**, gli **elefanti**, i **gorilla**, i **delfini** e altre specie di animali partoriscono un solo piccolo alla volta, i **cani**, i **gatti**, i **topi**, i **pipistrelli**, le **cutrettole** e persino le **aquile**, danno alla luce invece una squadra di eredi. I **conigli**, un'intera scuola!
I "figli" dei **ragni**, delle **mosche**, delle **vespe**, delle **rane**, delle **zecche**, sono più numerosi dei frutti di una pianta di pesco, mentre i discendenti del **salmone** sono più numerosi delle foglie di un albero, e l'**ape regina** sforna un figlio a ogni batter d'ali per tutto il corso della sua esistenza.

Ma che razza di bebè!

A volte da animali grossi possono nascere piccoli non tanto grandi, né cresciuti, mentre da animali di taglia modesta possono vedere

Cavallo con il puledro

Femmina di orso bianco con il cucciolo

la luce certe sagome! Così, se un **puledro** appena nato è alto come un tavolo da cucina, un **orsacchiotto polare** sta comodamente in una scarpa. Un **micino** può saltellare sul palmo di una mano, mentre il piccolo dell'**opossum** è grande meno di un'unghia. Il **kiwi** appena nato becchetta su un piattino, il **pulcino** invece si guarda attorno da una tazza per il tè. Lo ***Sminthopsis douglasi***, un minuscolo marsupiale australiano, alla nascita pesa soltanto 15 milligrammi, è grande come un chicco di riso e, per qualche settimana, respira solo… attraverso la pelle.

Il cucciolo della **balena** poi, si fa per dire, è grande come un furgone, mentre il piccolo del **canguro**, si dondola su un cucchiaino. La larva dell'enorme pesce luna non supera i 2-3 mm. Appena nati, i cuccioli del **panda rosso** sono gialli e solo dopo 90 giorni la loro pelliccia assume il tipico colore fulvo, che da grandi li mimetizza perfettamente tra

Tigre con i piccoli

i licheni degli alberi su cui si acciambellano, mentre dovranno passare tre settimane prima che aprano gli occhi. Quelli di una scimmia slanciata, nera, dalla coda lunghissima e dalle guance e dal capo crestato bianchi, la ***Trachypithecus delacouri***, o **presbite di Delacour** del Vietnam, alla nascita hanno il corpo… arancione, e somigliano come una goccia d'acqua a un pupazzo dei *Teletubbies*.

Orango con piccolo

Il **tarsio**, un piccolissimo primate dell'Indonesia, dopo una gravidanza di sei mesi, eccezionalmente lunga per un animale tanto minuscolo, mette al mondo un cucciolo che pesa un terzo di lui e che a malapena sorregge con i denti, come i gatti. L'**orango** mette al mondo un solo "scimmiotto" ogni otto anni circa: l'intervallo più lungo tra due gravidanze di tutti i mammiferi.

Se prima eravamo in due...

Ci sono animali che, dopo un po', non sono più uno… ma due e poi quattro e così via, come tante tabelline. Le **amebe**, per esempio, appena crescono, si fa per dire, si dividono e le due che prima erano una si separano ancora e adesso sono già… ho perso il conto! Non diventano mai grosse più di tanto, ma si moltiplicano fino a diventare un esercito di amebe, invisibili e più piccole delle capocchie di spillo degli gnomi.

Culle, borse, nidi, tasche e bolle

Il piccolo del **ragno** si culla in una sorta di sacca di seta, assieme a qualche centinaio di fratellini. È affamato, come tutti i neonati, ma l'unica pappa nei dintorni… sono gli altri ragnetti! Così l'allegra brigata comincia a divorarsi, a contorcersi, a lottare, a soccombere, finché, dopo un po' di giorni, solo pochi di loro, forzuti e pelosetti, usciranno vivi dalla sacca, pronti per andare a tessere da qualche parte la loro bella tela.

Tarantola mentre trasporta l'involucro in cui sono contenute le uova

Ragno delle grotte con nido d'uova

Anche la **razza** nasce da uova deposte dalla madre in una sacca dalla forma di un piccolo otre, mentre il bebè del **pescecane**, si ninna placidamente in una specie di curiosa amaca appesa tra le alghe.

Il "**pesce combattente**" del Siam nasce dall'uovo contenuto in una minuscola bolla d'aria iridescente che galleggia sulla superficie del mare, sotto gli occhi vigili del padre, pronto ad afferrare ogni uovo che stia per affondare, a soffiargli prontamente intorno la magica bolla…

Del resto, le uova del "**pesce pilota**" e dell'**opistognatide testa gialla** si schiudono nella bocca della madre… Quelle di una varietà di **pesce-gatto**, nella bocca del padre! Il **cavalluccio marino** ha una tasca sul ventre che ospita la "covata", mentre lo **spinarello** depone le sue uova in un "nido"

Cavallucci marini in una rappresentazione artistica

sottomarino di alghe… Il “**pesce arcobaleno**” infine, porta le uova dentro di sé, fintanto che i piccoli non nascono.
Il **rospo ostetrico** invece, avvolge delicatamente le uova deposte dalla femmina attorno al proprio corpo, si preoccupa costantemente, nel corso delle settimane di incubazione, del loro stato di salute e le custodisce fino al momento della schiusa.
La femmina del **camaleonte di Jackson** trattiene le uova fecondate dentro di sé, fintanto che non partorisce piccoli già sviluppati.
La **tarantola della Puglia**, da quando depone le uova e fino alla schiusa, per timore degli uccelli e di altri predatori, si porta appresso il nido, per quanto la cosa risulti piuttosto scomoda e poco pratica… Così come un calamaro, il ***Gonatus onyx***, trascina dietro di sé una sacca contenente fino a 3000 uova, nella quale pompa periodicamente acqua, per ossigenare la nidiata.
Il maschio del **nandù**, grosso uccello del Sudamerica simile a uno struzzo, dopo aver fecondato fino a dodici femmine, prepara il nido dove saranno deposte le uova, che poi cova fino alla schiusa, quando si sfamerà almeno una sessantina di pulcini…
Le femmine di **maleo**, un uccello dell’isola indonesiana di Sulawesi, non sono interessate alla prole: invece di covare le uova, le seppelliscono nella sabbia, o nel ricco sottobosco della foresta pluviale, in balia di ogni genere di predatori, confidando nel calore del sole. Alla schiusa, per “venire alla luce”, i pulcini dovranno scavare nel terreno una via d’uscita…

Per portare a spasso la nidiata, anche dieci fratellini, mamma **toporagno** ricorre a un espediente comune negli asili: insegna a un cucciolo ad afferrarsi con i denti alla sua coda, poi, via via, a tutti gli altri, a fare lo stesso con quella del piccolo che li precede, fino a formare una **fila indiana**, una sorta di cordata, che li protegge dalla semicecità nella quale ancora arrancano e dalla loro proverbiale distrazione…

Toporagno comune

Famiglia di orsetto lavatore (procione)

Coccoloni...

Sono tantissimi gli animali che alla nascita appaiono fragili e indifesi. I **procioni** appena nati, oltre che ciechi, sono tanto deboli che non riescono neppure a sollevare la testa: così se ne stanno al calduccio, raggomitolati vicino alla mamma, che li lecca, coccola, nutre e consola, perché non fanno che piagnucolare per tutto il tempo che rimangono nella tana. Dei veri mammoni, i maschi del **colobo rosso**, una scimmia africana, succhiano il latte materno anche per tre o quattro anni, fino alla pubertà, tanto che la madre deve rinunciare ad altre gravidanze; le femmine, più sveglie e indipendenti dei coetanei, vengono svezzate dopo solo... un anno e mezzo!

La **tilapia**, un pesciolino d'acqua dolce, è una madre molto apprensiva: al minimo allarme, spalanca la bocca, offrendo così un riparo sicuro ai suoi piccoli.

Se ai **vitellini**, alle **giraffine** o ai **cerbiatti** bastano pochi giorni per reggersi saldamente sulle gambe, per saltellare, rincorrersi e giocare, benché abbiano bisogno ancora per qualche tempo delle cure della mamma, le **tartarughine** appena nate marciano già spedite e nuotano

Piccolo di giraffa dietro alla sua mamma

Tartarughe marine

con disinvoltura, sanno procurarsi il cibo e al momento opportuno si ritirano nel guscio per sfuggire ai pericoli. Del resto anche i **vermi**, le *cavallette* e moltissimi *pesci* sono in grado di badare a se stessi una volta venuti al mondo…
Il cucciolo dello **stambecco**, nel giro di poche ore, è in grado di saltellare con la mamma sulle ripide pareti di montagna, quello dello gnu di trotterellare nella savana.
I pulcini delle **pavoncelle**, a loro volta, sono *nidifugi*: abbandonano il nido non appena imparano a camminare, poche ore dopo essere usciti dall'uovo…
Ce ne vuole invece prima che i cuccioli dell'**opossum** camminino da soli! Così la mamma se li porta in giro nel marsupio per tutto il tempo, quando si arrampica sugli alberi, o mentre guada i torrenti. Quando sono abbastanza cresciuti per uscire dal marsupio, anziché partire alla scoperta del mondo, preferiscono stare a cavalcioni sul dorso della madre, aggrappati con le unghie e con i denti al suo folto pelo.
Anche mamma **cercopiteco**, non perde mai di vista il suo cucciolo, per difendere il quale non esita a battersi persino con i grandi felini, e si muove circospetta nella foresta, con il piccolo avvinghiato alla sua pancia, una posizione utile anche per allattarlo. E guai a lui se disobbedisce, o prova ad allontanarsi, allora dopo una bella sgridata, volano gli scapaccioni!

Alla ricerca dell'ambiente ideale per i suoi uccellini, la **beccaccia** sposta incessantemente la nidiata da un luogo all'altro, sorreggendo i pulcini col becco, o tenendoli forte tra le zampe, perché ancora non sanno volare.

Mamma **scimpanzé** ogni sera culla il suo cucciolo in un lettone, che prepara con cura piegando e intrecciando tra loro i rami degli alberi della foresta.

Cercopitechi verdi su un albero

In America vive una **cicala** che non vuole diventare grande! Appena nata, si rintana sotto terra, dove si fa chiamare ninfa, e vi rimane per… diciassette anni! Poi all'improvviso sguscia dal suolo, balza su un albero e intona il suo canto.

Autosufficienti già alla nascita, i piccoli delle **blatte**, degli **scarafaggi**, rimangono acquattati sotto le ali della madre per parecchi giorni. Quelli del **clamidosauro** restano… orfani! I genitori li abbandonano all'istante, i piccoli allora vivono insieme per una decina di giorni, poi ciascuno va per la sua strada.

I piccini della **bavosa carcerata**, un pesce della Papua Nuova Guinea (deve il suo nome alle striature sul corpo che ricordano la divisa di un galeotto), al risveglio schizzano dalle tane come fuochi d'artificio, poi guizzano qua e là per tutto il giorno, in cerca di placton, mentre i genitori puliscono casa, affacciandosi di tanto in tanto sul davanzale solo per sputare e spazzare via la sabbia e la ghiaia che si infiltrano regolarmente nel dedalo di **cunicoli** dove le bavose carcerate, di notte, si ammassano a migliaia, appese al soffitto tramite filamenti di muco. A sera, i pesciolini faranno ritorno alla tana, per nutrire mamma e papà col cibo rigurgitato dalle loro bocche…

Cicala comune

Salamandra pezzata gialla e nera

Non stanno più nella pelle…

Il **rospo comune** o *bufo bufo*, crescendo non sta più nella pelle; così, ad un certo punto, come un vestito logoro, questa si strappa a partire dal dorso. Il rospo allora non fa una piega: a poco a poco comincia a liberarsi della vecchia pelle come se fosse un costume di carnevale e… tatan! Eccolo adesso, lucido e splendente nella nuova veste! La taglia è quella giusta? Il colore quello preferito? Non gli rimane allora che inghiottire, in un sol boccone, i brandelli della vecchia pelle.
Anche le **lucertole**, le **salamandre**, i **serpenti** cambiano la pelle, che a volte pende sdrucita, strappata, rattoppata e scolorita dai loro corpi…

Rospo comune

Che giocherelloni!

Quando giocano, molti animali sembrano dei bambini: alcuni si rincorrono, altri giocano a nascondino, o a mosca cieca; c'è chi salta la cavallina e chi si tira la coda; certi sono dispettosi, e adorano strillare e **fare chiasso**, molestare i compagni, o starsene per conto proprio, rapiti dai fili di un gomitolo o dal ronzare di un insetto.

Ara rossa e gialla

Nella giungla, per esempio, i piccoli **scimpanzé** fanno l'altalena con le liane, esibendosi in un numero da acrobati in erba. Gli **elefanti** si cimentano a braccio di ferro incrociando le proboscidi, i **leoni marini** praticano il surf.
Le **lontre** si costruiscono uno scivolo sulla riva dei fiumi e giocano all'acquapark…
I **topini**, più tranquilli, cantano in coro, e pare si divertano un mondo… L'**uccello mimo** e il **pappagallo** fanno il verso agli altri uccelli, i **picchi** giocano a nascondino, acquattandosi magari nei buchi che loro stessi scavano sui tronchi, mentre la **martora** gioca alla cavallina.
Le **donnole** si rincorrono al rimpiattino, le **gru** invece lanciano un sasso in aria per ore, e col becco lo riacciuffano.
Le **formiche** si sfidano alla corsa, fanno a gara a chi è più veloce e arriva per prima al formicaio.
Appesi con la coda a un albero, a testa in giù, un **kinkajou** adulto (un **orso del miele**), e il suo piccolo, si scambiano, con gran divertimento di entrambi, dei gran pugni in testa.

Elefanti

Passero mentre imbecca i piccoli nel nido

Volareeee oh oh...

Anche se nascono con un bel paio d'ali, i piccoli degli uccelli devono imparare a volare. Così, se la giovane **cicogna** se la prende comoda, sembra impacciata e a disagio, mentre dal nido, sul tetto o su un comignolo, medita di compiere un gran balzo nel vuoto, il **falco**, senza tanti riguardi, butta fuori i suoi piccoli, che come per incanto, prendono a sbattere le ali e a seguire il vento. Perfido, il **passero** sembra addirittura burlarsi dei passerotti: gli svolazza davanti con un boccone prelibato nel becco, invitandoli ad acciuffarlo, ma senza mollare la presa. E quando questi si sporgono dal nido e si lanciano nel vuoto per papparselo, lui si tira indietro, ma loro, come per magia, rimangono sospesi in aria e volano alla ricerca di un ramo su cui riprendere fiato. Quando è ora di abbandonare il nido, i piccoli dell'**anatra**

Anatra mandarina

mandarina, seguono la mamma e si lanciano dal loro nido nella cavità di un albero, planando e atterrando di… petto, senza farsi male, grazie a un morbido cuscino di piume che li protegge al momento dell'impatto con il suolo. L'**aquila reale** trasporta sul dorso gli aquilotti fino ad alta quota, poi li lascia… precipitare! Li riacciuffa in volo, prima che sia troppo tardi, e ricomincia l'addestramento, fino a che i piccoli non distendono le ali per librarsi da soli verso il cielo. I pulcini del **fetonte beccorosso** sono troppo grassi e pesanti per volare, così galleggiano per giorni e giorni sull'oceano, prima di ritrovare la forma fisica che gli consente di librarsi in aria.

Cicogne sul nido

Falco sparviero

Aquila reale

Lontra mentre nuota con il piccolo sulla pancia

L'istinto del... nuoto

Il **cane** non ha molte occasioni di entrare in acqua, eppure, appena nato, un cucciolo sa già nuotare; come il piccolo del **tricheco**, confortato dalla mamma, che sfrega dolcemente le vibrisse, i baffi, sul suo corpo, o gli dà una grattatina con le zanne, per rincuorarlo, mentre lui non vede l'ora di montarle in groppa e di lanciarsi tra le onde.

La **lontra**, che passa la sua vita sui fiumi

Otarie

o negli stagni, per galleggiare deve invece seguire un corso di nuoto con la mamma, che si rivela un istruttore paziente e tenace. Durante le prime lezioni, la madre s'immerge reggendo il piccolo sul dorso, che, così, dopo qualche giorno, acquista confidenza con l'acqua. Poi, all'improvviso, se lo scrolla di dosso e il piccolo tossisce, agitando la coda e sbattendo le zampe… Ma, quando sembra arrendersi al freddo e alla corrente, la mamma lo afferra saldamente e lo trascina a riva. Poco alla volta, l'impacciato nuotatore si trasformerà in uno spericolato tuffatore, capace di fare le capriole e muoversi sott'acqua con l'agilità di un pesciolino. Lo si vedrà presto galleggiare sul dorso come una zattera, grattandosi la pancia. Anche le giovani **foche** amano tuffarsi a capofitto tra le onde, dove s'inseguono giocando, facendosi i dispetti e dandosi la caccia, ma per finta… Poi, come per un segnale convenuto, si lanciano sulla riva, spiccando un salto dal mare, e con un tonfo sordo, simile a quello di tanti tappi di spumante che esplodano contemporaneamente ad annunciare la festa, si abbattono allegre e stanche sulla spiaggia.

Mammoni

Lupo grigio

Se i cuccioli del **lupo grigio** dopo essere stati allattati per due mesi dalla mamma, sono affidati alle cure del branco, altri piccoli vengono presto scacciati di casa e invitati a non farsi rivedere mai più. Il piccolo di **alce** ha quei grandi occhi tristi perché la mamma non esita, se necessario, ad allontanarlo da lei con un… calcione! Il re della foresta, con un ruggito spaventoso mette in fuga i **leoncini** non appena questi riescono a procurarsi il cibo. Il **canguro** assesta un sonoro ceffone (scappellotto) al piccolo che esita a separarsi dal branco e dai genitori naturali, mentre il **cigno** molla un gran pizzicotto col becco ai pulcini riottosi. La **volpe**, impaziente, non indugia in convenevoli: un bel morso è quello che ci vuole anche per il cucciolo più ostinato e affettuoso… Molti animali infine, prima di riprodursi nuovamente,

svuotano il nido domestico, salutando per sempre la loro discendenza. Magari dopo un anno di forzata convivenza, come per l'**ara macao**, che non impara a volare prima di 3-4 mesi.

Quando mamma **capodoglio** nel Mar dei Caraibi si allontana in cerca di cibo immergendosi fino a 1000 m di profondità, per timore delle fameliche orche porta il suo piccolo, già lungo 4 m alla nascita… all'asilo, lo affida cioè ad altri madri del branco, numerose in questa zona, che sorvegliano a turno i cuccioli. Nel Mar dei Sargassi invece, le giovani madri scarseggiano, così, alle mamme apprensive, non resta che ricorrere alle nonne, o a una parente prossima, che in caso di attacco da parte dei predatori, soccombe più facilmente.

In Kenia, le madri delle **scimmie rosse**, i primati dalle zampe lunghe e sottili più veloci del mondo (possono raggiungere i 55 km/h), affidano anch'esse i piccoli, prima di rimpolpare la dispensa, ad altre femmine del gruppo, che ogni tanto, però, non resistono alla tentazione di… rapirli, tra urla disperate e strepiti vari, più animate da curiosità, che non da cattive intenzioni. In ogni caso, ci pensano le mamme, in un battibaleno, e dopo una bella lavata di capo alle baby sitter, a riappropriarsi della prole.

Gruppo di capodogli

A TAVOLA! SI MANGIA...

Piccione mentre imbecca il piccolo

Pappaaaa!

Molti **uccelli** imbeccano il cibo nella gola spalancata della nidiata pigolante. Il piccolo del **pellicano**, invece, si serve direttamente dalla dispensa, una sacca ricolma di pesci, vermi e altre leccornie, masticati e ridotti in poltiglia, situata sotto il becco dei premurosi genitori.

I "**piccioncini**" sono svezzati con un liquido biancastro che mamma e papà rigurgitano dalla loro gola nel becco avido dei piccoli.

I **coleotteri necrofori** seppelliscono animali morti come lumache, topi o uccelli, per nutrire le loro larve e non esitano neppure a rigurgitare la carne putrefatta delle carogne, per soddisfare l'appetito dei necroforini.

I piccoli dell'**ornitorinco** se ne guardano bene dal succhiare il latte dalle mammelle, ma leccano avidamente, come da una scodella, le rughe pelose del ventre della madre tra cui si raccoglie il prezioso nutrimento.

Pellicano con i piccoli

Orso bruno

Gnam gnam…

Molti animali si nutrono… di altri animali, poi ci sono quelli che preferiscono erbe, arbusti e foglie, o frutti saporiti come bacche, mirtilli, ribes, fragole, noci, ma anche fichi o ciliegie…
Gli **orsi** vanno pazzi per il miele! Così, quando trovano un alveare nascosto nel tronco di un albero, partono all'assalto: affondano le zampe nel miele, incuranti dello sciame d'api che gli ronza attorno (la folta pelliccia li protegge dai loro pungiglioni), e si sbafano quella dolce ghiottoneria, con contorno di insetti, guarnita con un po' di schegge di corteccia.
Agli orsi piacciono ugualmente i topi, i salmoni e le rane, che catturano con tecniche di caccia raffinatissime…

Orso bruno

Che linguacce!

Il **formichiere**, con la sua lunga lingua appiccicosa, oltre 60 cm (un record assoluto), fa strage di formiche e termiti. Ora le acchiappa con uno schiocco, saettando la lingua tutt'attorno come un lazo… Ora le snida letteralmente, abbattendo le tane con gli acuminati artigli, per poi leccarsi i baffi di fronte a migliaia di brulicanti stuzzichini… Infine, non esita a introdurre la smisurata lingua nelle tortuose gallerie sotterranee dei formicai, o nelle torri delle termiti, per ripulire la tavola anche delle briciole.
Anche l'**oritteropo** dell'Africa subsahariana, dalle orecchie d'asino e la coda da canguro, non è da meno, quando se ne va in giro mostrando la lingua appiccicosa di ben 30 cm a termiti e formiche, tutte risucchiate, come per incanto, nella sua boccaccia, dove si allineano due file di denti cilindrici, unici nel suo genere, che crescono ininterrottamente, ma non brillano, perché del tutto privi di smalto.

Rana verde comune

Il **pipistrello del nettare** vive nelle foreste ecuadoriane, misura circa 5 cm, mentre la sua lingua si estende per 8,5 cm, oltre una volta e mezza la sua lunghezza, per consentirgli di penetrare dentro le corolle di fiori della *Centropogon nigricans,* l'unica pianta di cui si nutre.
Il più piccolo dei plantigradi, l'**orso della Malesia**, alto non più di un metro e mezzo, coda compresa, si ciba solo di insetti e di miele, perciò ha una lingua molto più lunga e sottile rispetto alle altre specie, dovendola infilare a più riprese negli alveari, o nelle cavità degli alberi.
Rane e **rospi** si rivelano un incubo per tanti piccoli insetti ronzanti, il cui volo si interrompe all'improvviso nella loro

Formichiere

bocca gracidante… La lingua del **camaleonte** invece, grazie ad una protuberanza vischiosa, si avvinghia alle prede come una ventosa, schizzando alla velocità di 21,6 km/h.

Robusta, agile, nera bluastra (per non scottarsi al sole della savana), la lingua della **giraffa** è un prodigio anatomico, che le consente di districarsi abilmente nel fitto intreccio di rami degli alberi d'acacia, di brucare solo le foglie, avvolgendo in un bolo di saliva densa e vischiosa le spine che in ogni caso le finiscono in bocca, affinché, inghiottendole, non feriscano le pareti dello stomaco.

L'**okapi** dell'Africa centrale, parente prossimo della giraffa, benché somigli a una zebra, è l'unico mammifero in grado di pulirsi gli occhi, le palpebre e le orecchie con la lunga lingua blu, utile anche per cogliere… le foglie e i germogli più teneri.

No, macché linguaccia, il **geco**, per via delle palpebre fisse che non si chiudono mai sulle sue allucinate pupille da felino, per idratare gli occhi, è costretto a passarci sopra, in continuazione, la lingua.

Per catturare le prede, la **testuggine alligatore** americana, di oltre 100 kg di peso, immobile, con le fauci spalancate, ipnotizza e attira i pesci muovendo la sua piccola lingua rosa a forma di verme. Anche l'**anguilla serpente** delle isole Samoa usa la lingua, con tanto di esca carnosa (che può essere scambiata per un mollusco

Geco

Oritteropo

o un pesciolino), come una canna da pesca dove abboccano le sue vittime. E di un tentacolo retrattile all'interno della bocca si serve l'**uranoscopo** per pescare le sue prede nei fondali sabbiosi.

Un balzo e...

Tutti i **felini**, quando cacciano, avanzano con passo felpato, strisciano furtivamente verso la preda, si acquattano, fiutano l'aria, estraggono gli artigli, per poi spiccare il balzo sulla malcapitata vittima, e questo vale per una leonessa, un leopardo, un puma, una lince, un gatto o una tigre.

Puma

Su, un bel sorso e manda giù

Coliade sulfurea

Ci sono animali che succhiano il cibo come se bevessero un'aranciata, o sorbissero un bel brodo caldo... Il **colibrì** aspira il nettare dei fiori (e gli insetti e i moscerini che sciamano all'interno delle corolle), con il lungo becco appuntito, sospeso in aria come un elicottero. La **zanzara** invece, come un vampiro, succhia il sangue attraverso la pelle della vittima con il pungiglione. La **farfalla** è dotata di un organo speciale, una sorta di piccolo tubo che srotola per sorseggiare il dolce nettare dei fiori.

Pitone arboricolo

Un bel bocconcino!

Alcuni serpenti, come il boa o il pitone, dopo aver catturato la preda, si avvolgono attorno ad essa fino a soffocarla e stritolarla... Poi spalancano le mascelle e la inghiottono tutta intera: per la bocca di un pitone passa persino un maiale...

Ragno crociato

Ragno crociato

Trappole…

Per catturare la preda, il **ragno** tesse una tela tanto ardita quanto infida, poi attende paziente che un insetto s'impigli tra i suoi fili per papparselo in un baleno. Come mai, però, il ragno ballonzola e saltella agilmente tra i fili della ragnatela senza rimanerne, a sua volta, imprigionato? Perché, astutamente, si muove, come un acrobata, solo sui fili esterni e sui raggi della rete, che, al contrario dei cerchi interni, non ha cosparso di una sostanza appiccicosa…

Il ***Nephila komaci*** è il più abile tessitore di ragnatele del mondo: la sua tela può arrivare a un metro di diametro.

Anche il **formicaleone** tende degli agguati. Si nasconde sul fondo di una buca che ha scavato nella sabbia, lasciando sporgere all'esterno solo le pinze. Così, se una malcapitata formica o un altro piccolo insetto passa da quelle parti, non può far altro che franare nella "botola", proprio in bocca al formicaleone.

Belle e crudeli, le "gemme che volano", come ai tropici chiamano le iridescenti **libellule**, già allo stato larvale, in acqua, si rivelano voracissime, pronte a divorare vermi, crostacei, insetti, girini, persino pesci, grazie a uno speciale organo, una sorta di tenaglia posta nel labbro inferiore, che, alla vista della preda, si estroflette (si allunga) e, in un batter d'ali, l'inghiotte. Da adulte poi, difendono con ogni mezzo, le loro riserve di caccia.

Libellula

Cibo da asporto

Gli **uccelli rapaci**, in virtù di una vista acutissima, zampe e ali potenti, lunghi artigli, piombano sulle vittime, avvistandole anche da grandi altezze, ghermendole in volo, senza toccare terra, per poi riprendere quota e sbranarle con il becco adunco una volta al sicuro, appollaiati su un albero o uno sperone di roccia.

Gufi e **civette** prediligono la notte per consumare i loro spuntini… La fregata, un uccello il cui nome è tutto un programma, si diletta a strappare in volo il cibo agli altri uccelli… Per esempio, se vede un gabbiano tutto soddisfatto, con il suo bel pesce nel becco, si lancia in picchiata e lo colpisce ripetutamente con il becco, finché questo non molla il boccone. La **fregata** allora si avventa velocissima sul pesce, lo acchiappa prima che ricada in acqua, e fa ciao ciao con l'aluccia al gabbiano perplesso.

Gufo di palude

C'è a chi piacciono gli avanzi…

Iene, **avvoltoi**, **sciacalli**, **condor** e **marabù** non vanno a caccia di prede, ma si nutrono dei resti (carcasse, carogne, ossa spolpate), del pasto di altri "animali spazzini".
Le **iene maculate**, fra i più abili predatori africani, sono creature socievoli e piene di riguardi nei confronti dei loro simili, verso i quali provano rispetto, come mostrano i tanti cerimoniosi saluti che si scambiano tra loro a ogni incontro. Hanno un'immeritata reputazione di ladre, pronte a sottrarre le prede di altri animali, benché siano più spesso i leoni ad avvantaggiarsi dei loro banchetti; inoltre, le iene sono tra le mamme più premurose in natura, se allattano, sono pronte a percorrere distanze incredibili pur di cacciare un'antilope, o uno gnu e mantenere così costante la riserva di latte indispensabile a svezzare i cuccioli.
Costantemente preoccupate di procurarsi il cibo, alla prima occasione s'ingozzano a più non posso, spolpando, dalle carcasse, dai 14 ai 18 kg di carne alla volta, un terzo del loro peso, ben più di un pasto abbondante dei leoni.
Il **gipeto**, il più grande avvoltoio europeo, quasi 3 m

Gruppo di iene

che sopravvivono alle loro "bevute" quando il loro morso non gli trasmette qualche infezione. Altri Dracula sotto mentite spoglie sono: il **candirù**, o **pesce stuzzicadenti** del Rio delle Amazzoni, un parassita, parente dei pesci gatto, che si insinua tra le branchie delle sue prede, dove si avvinghia,

di apertura alare, si nutre quasi esclusivamente delle ossa di carogne e animali morti.
I **vampiri**, pipistrelli che vivono nell'America Centrale e Meridionale, sono gli unici mammiferi che si cibano solo di sangue, piantando i denti ricurvi nel corpo delle loro vittime (bovini, maiali, cavalli, polli),

grazie a una spina che ha sul capo, per succhiarne il sangue; e quel cannibale del **fringuello vampiro** delle isole Galápagos, il quale, non pago di cibarsi delle uova di altri uccelli, che fa precipitare dal nido o rompe contro una roccia, becchetta loro zampe e ali per bere avidamente il loro sangue.

Elefante

Ingegnosi…

L'**elefante** prende il cibo con il naso! Cioè, con la proboscide… Di cui si serve anche per sculacciare il suo piccolo, quando fa i capricci, o vuole intrufolarsi nei discorsi dei grandi, farsi la doccia, fiutare il pericolo, sradicare gli alberi, scacciare gli insetti, barrire alla luna. Il **tordo bottaccio** usa una pietra per uccidere le chiocciole, colpendole astutamente fino a romperne il guscio, per poi mangiarsi la polpa molle…

Elefanti presso una pozza

Saltimbocca

Falso corallo su spugna gialla

Ci sono animali marini che il cibo non lo cercano, perché è il cibo che cerca loro… Non fanno altro che restare immobili ad aspettare. Nel corpo della **spugna** ci sono tanti forellini che le consentono di filtrare l'acqua, ricca di minuscole creature, ignare di fare da fast food a quegli originali organismi così simili a piante…

Lo **spirografide**, adagiato mollemente sotto la sabbia, o sui fondi fangosi, si procura il cibo agitando un ventaglio di morbide "ciglia", con cui sospinge, pian piano, verso di sé, il "cibo" che incautamente si trovi a passare di lì…

Il **cirripede**, al sicuro nella sua conchiglia, agita attorno al suo pasto quotidiano una sorta di lunghi braccetti, i cirri appunto, che convogliano nel guscio una miriade di minuscoli organismi.

L'**anemone di mare** si serve di aguzzi tentacoli, mentre l'**aliotide** rotea, come delle"bolas" o degli agili frustini, dei lunghi filamenti con cui fa strage di alghe.

Chi l'ha dura, la vince

Per procurarsi il cibo, la **stella marina** mostra i bicipiti. Scardina le conchiglie dei molluschi ai quali si avvinghia, grazie alla fitta trama di peduncoli a ventosa di cui sono ricoperte le sue braccia, che esercitano una forte pressione sul guscio dell'animale, finché questi non cede di schianto, uscendo allo scoperto nudo e crudo per essere pappato.

Stella marina rossa

Prede sguscianti

A proposito di pesci: acchiapparli in acqua non è facile neppure per gli uccelli! Le anatre, che si nutrono anche di vermi, piccoli crostacei, insetti e alghe, quando scorgono qualcosa sotto il pelo dell'acqua, con un movimento rapidissimo immergono la testa e il collo e con il becco acciuffano la preda. Il **martin pescatore** se ne sta appostato su un ramo scrutando l'acqua in cerca di pesci; quando ne vede qualcuno nuotare placidamente si… tuffa, come da un trampolino, lo afferra con il becco appuntito, riemerge subito, e torna planando, come un idrovolante, sull'albero.

Il **pellicano**, dopo essere piombato sulla preda, lo ripone, prima di inghiottirlo, in una sorta di grossa borsa che gli pende dal becco, una dispensa sempre rifornita di vivande.

Se il **falco pescatore** pesca a pelo d'acqua, contando sui suoi artigli d'acciaio, che non mollano neppure le prede più viscide e sguscianti, la **strolaga maggiore**, grazie ai piedi palmati e a una riserva d'aria di 8 minuti, si immerge oltre i 40 m di profondità per inseguire, in stagni e laghi, trote e lucci. Il becco dei **fenicotteri** è munito di peluzzi

Falco pescatore

L'arlecchino dei cieli, il **gruccione**, un uccello esile dal piumaggio coloratissimo (rosso bruno sul capo, turchese sul petto, giallo grano sotto il becco), che può raggiungere la lunghezza di 40 cm, per 50-70 g di peso, sfreccia nei cieli alla caccia di api (di cui va pazzo), libellule, falene, termiti, farfalle. Agguantata l'ape, per evitare di essere punto e per eliminarne il veleno, il gruccione la sbatte violentemente su un ramo, finché non si muove più, poi ne strofina l'addome e il pungiglione sulla corteccia per espellerne il veleno. Se si imbatte in un alveare, può ripetere l'operazione un centinaio di volte, senza sentirsi sazio… Il suo nido è ricavato in una parete di arenaria, o sulla ripida sponda di un fiume, dove scava, con becco e zampe, anche per 20 giorni di seguito, cunicoli lunghi fino a 1,5 m e larghi una decina di cm. Al termine della costruzione avrà rimosso dai 7 ai 13 kg di roccia, o di terriccio (più di 100 volte il suo peso),

flessibili, con i quali, a mo' di rastrello, gli uccelli setacciano i fondali fangosi di fiumi e stagni a caccia di piccoli pesci e altri animaletti acquatici.
La **lontra di mare** può rimanere in apnea per cinque minuti, durante i quali "scandaglia" il fondale in cerca di ricci, di cozze e di una… pietra. Una volta riemersa, la lontra di mare si volta sul dorso, appoggia il sasso all'addome e frantuma il guscio o la valva dell'animale sbattendolo ripetutamente sull'improvvisata incudine. Il **ragno pescatore** del Sudamerica cammina per un attimo sospeso sull'acqua, prima di tuffarsi e andare a zonzo come un sottomarino per più di un'ora, a caccia di girini e pesciolini.
Anche le **cicogne**, gli **aironi**, le **garzette**, i **tarabusi** e i **cigni** trovano il loro cibo negli specchi d'acqua degli stagni.

Martin pescatore con la preda

mentre il becco nerastro sarà più corto di due millimetri. Intrigante e imbroglione, il gruccione ricorre alle maniere forti e a ogni genere di sotterfugi con i propri simili, figli, fratelli o zii (vive in colonie numerose), per costringerli ad allevare e custodire la sua prole. Interferisce prepotentemente, con i suoi discendenti e le loro compagne, si insinua nelle loro pratiche di corteggiamento, sigilla l'accesso ai loro nidi, impedendo alla femmina di deporre le uova. Guai, inoltre, a lasciare incostudite le fenditure dove s'infila: c'è sempre qualche furbastro disposto a rapinare le provviste, a deporre le uova in un altro covo, ad accoppiarsi con la compagna di un maschio uscito a procacciare il cibo.

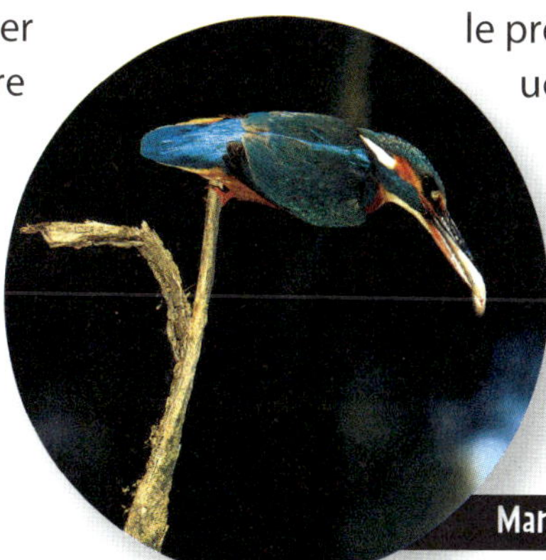
Martin pescatore europeo

Pesca pesca pescatore...

Negli abissi degli oceani, vive un pesce simile a una grande rana avvizzita lunga anche 2 m, con la vocazione del pescatore: si serve, infatti, di una lunga antenna, un'appendice carnosa al cui apice tanti fili sottili, che tremolano e vibrano come lenze, gli servono da esche. I filamenti brillano e scintillano nelle acque profonde e ingannano molti pesci, attratti dalla prospettiva di facili prede, non certo da quella di finire la loro corsa nella bocca spalancata della "**rana pescatrice**". Il **pesce rombo** delle isole Fiji, come canna usa invece la prima spina della pinna dorsale.
La **nitticora**, una specie di airone, conserva piccoli bocconi del cibo che rimedia per... pescare!

Rana pescatrice

Cala l'esca, in genere un verme o un pezzetto di pane, e si apposta sulla riva. Quando il pesce abbocca, se è della taglia giusta (non troppo grossa per il suo becco), se lo pappa all'istante. Anche l'**airone verde**, il ***Butorides virescens***, utilizza la stessa tecnica.

Creativa e sorprendente è la strategia del **gatto viverrino** delle paludi asiatiche, il quale si apposta presso i corsi d'acqua e con la zampa agita la superficie del fiume o del canneto. I pesci più curiosi e affamati scambiano quei movimenti, quelle ondine, per insetti e si avvicinano; a quel punto, il gatto viverrino con una zampata li fa volare... a terra, dove li divora. L'**orso bruno** di zampate se ne intende, e, quando pesca, prende letteralmente a calci le sue vittime, che scaglia malconce sulla riva.

Gatto viverrino

Nitticora

Che pistoleri!

Campione assoluto di **tiro al bersaglio**, dotato di una mira infallibile, il **pesce arciere** nuota appena sotto la superficie dell'acqua, a caccia di mosche e altri piccoli insetti. Se ne scorge qualcuno a portata di tiro, prende la mira (tiene conto persino del processo di distorsione della luce), e spara dalla bocca un potentissimo getto d'acqua fino a un metro e mezzo di distanza: la vittima, raggiunta dal colpo, vacilla e precipita proprio in bocca al pesce arciere che… fa centro!
Il lungo collo sorretto da vertebre snodate della **tartaruga dal lungo collo** si rivela un'arma letale per abbattere al volo i piccoli insetti di passaggio, convinti di ronzare a distanza di sicurezza da quella… carabina, che in caso di minaccia non ripiega sotto il guscio, come una criptodiri qualunque, ma nasconde con un rapido movimento laterale, alla maniera di un coltellino svizzero.

Pesci arciere

Pesce arciere

Pescati? No, beccati! È quanto fanno alcuni animali marini che, con feroce intraprendenza, si spingono fuori dal loro ambiente per ghermire quelli terrestri… Come nel caso delle **orche**, che scivolano su acque bassissime fino al bagnasciuga, per attaccare otarie, leoni marini, cuccioli di foca, riguadagnando poi velocemente il mare.
O del **pescegatto** della famiglia ***Channallabes abus***, che emerge con la testa e parte della spina dorsale dalla palude, flettendosi per piombare d'improvviso, con le mascelle spalancate, su ignari insetti e coleotteri vari.

Orche

Che boccuccia!

Balenottera azzurra

La **balenottera azzurra** ha una bocca grandissima che può contenere un'intera cucina con tanto di tavolo, sedie, mensole e forno... È l'animale più grande che vive sulla Terra, del peso di 25-30 elefanti, lungo come tre TIR, e più grosso persino del più mastodontico dinosauro che sia mai vissuto sul pianeta. Tuttavia, la balena è priva di denti, così non può masticare, e la sua gola è tanto stretta che a stento vi potrebbe passare un frutto; il cibo di cui si nutre deve essere perciò molto piccolo, come il plancton, una riserva di minuscoli organismi marini (in un bicchiere ce ne potrebbero stare migliaia), che inghiotte in quantità enormi, dopo averlo filtrato, grazie a una fitta serie di lamine dure come unghie: i fanoni.

Megattera e gabbiani

Le **megattere** mettono in atto una spettacolare tecnica di caccia, detta *bubble-feeding*: mentre una di loro risale piano verso la superficie con un percorso a spirale, emettendo una lunga scia di bolle d'aria dallo sfiatatoio, le compagne, che nuotano sotto il banco di pesci, li sospingono adagio, ma inesorabilmente, verso il cerchio di bolle, che si stringe attorno a loro come una rete,

Cervo volante

Il **cervo volante**, un coleottero lungo quanto un dito, può contare su mandibole enormi, due potentissime tenaglie, che ricordano appunto le corna di un cervo e grandi un terzo del suo corpo, che si rivelano, tuttavia, inoffensive, poco adatte a "pizzicare", perché i suoi muscoli faticano a manovrarle...

tant'è che per aprirla fa appello ai potentissimi muscoli delle mascelle. Quelli della **murena**, quasi altrettanto robusti, concorrono, con i numerosissimi denti a uncino, ad afferrare la preda e a dilaniarla. Simile, nell'aspetto a un serpente, lunga fino a 3,5 m, la murena, un grosso pesce di scogliera, nasconde, in gola, un secondo paio di mascelle retrattili, pronte a scattare in avanti al primo morso dell'animale e a immobilizzare la vittima, per poi ritrarsi, favorendone la deglutizione.

disorientandoli e imprigionandoli, prima di finire ingoiati dalle enormi mascelle delle megattere, lunghe 5 m e larghe 2.
Le spaventose fauci degli **squali** possono raggiungere un diametro uguale a quello dei loro corpi, da cui spuntano più file di denti, affilati come coltelli da cucina.
Il **coccodrillo**, a sua volta, ha una boccaccia enormemente lunga in rapporto al suo fisico,

I gusti sono gusti

L'**ameba**, non ha un bell'aspetto: informe e gelatinosa, non sembra neppure un organismo vivente; a tavola va pazza per i parameci, dalla forma di minuscoli, piatti bruchi pelosi…
Quando un'ameba incontra un paramecio, gli va incontro senza destare sospetti, lo abbraccia, lo avvolge e… lo "assorbe", in breve se lo mangia nonostante i tentativi di quest'ultimo di divincolarsi.

Coccodrillo dell'Orinoco

Il **procione**, o **orsetto lavatore**, è di bocca buona, onnivoro nel senso proprio del termine, mangia di tutto: piccoli mammiferi, rettili, uccellini; non disdegna neppure pesci, granchi, molluschi, o invertebrati come mosche, api,

Procione

cavallette e vermi. All'occasione non manca di frugare tra i bidoni della spazzatura, ma la sua caratteristica particolare è quella di afferrare e tastare il cibo con le mobilissime zampette, per poi lavarlo, o strofinarlo a lungo sull'erba prima di divorarlo.

Quanto ad avidità, per non parlare della ferocia, il **diavolo di Tasmania** è un altro bel campione: grande come un cane, dall'aspetto di un aggressivo topone, questo implacabile predatore passa le giornate ronfando nella sua tana nascosta tra le rocce, mentre di notte esce a sbranare uccelli, rettili, piccoli mammiferi e, se in branco, anche animali molto più grossi di lui.

Mangioni e golosoni

Un predatore delle foreste del Nord America, il **ghiottone**, è forse l'animale più mangione di tutti; assomiglia a un piccolo orso, invece è un cugino della puzzola, tanto vorace e aggressivo da papparsi di tutto: renne, alci, caribù, uova, insetti, bacche, piccoli mammiferi, carogne e persino cetacei spiaggiati.

Lo **stercorario maggiore** è un uccello marino dalle ampie ali e dalla coda corta, che vola meglio di un gabbiano e ha l'appetito

Diavolo di Tasmania

robusto di un condor; la sua reputazione di animale "spazzino" è ben riposta: mangia, infatti, di tutto, dai calamaretti, ai piccoli uccelli, alle loro uova, che succhia avidamente dopo averle forate col becco appuntito; dai pulcini di altre specie, alle carogne di animali, ai pesci morti, agli scarti dei pescherecci, agli avanzi dei banchetti di foche e trichechi; quando non trova di meglio, o ha una nidiata da sfamare, costringe, con ogni mezzo, sule, gabbiani e altri uccelli marini, a rigurgitare in volo le loro prede, di cui, lesto, poi si appropria.

Stercorario maggiore

Koala

Il **koala** australiano è molto frugale e si nutre quasi esclusivamente di un tipo particolare di foglie di eucalipto; per procurarsi la razione giornaliera di 500 g, è disposto a setacciare decine di alberi, ignorando sprezzantemente enormi quantità di altro buon cibo. Più che ingordo, un vero buongustaio: il **serpente mangiatore di uova**, ha una bocca piuttosto piccola, inadatta a papparsi uova grandi come quelle per cui va ghiotto. Tuttavia, grazie a una mandibola che può dilatarsi all'infinito, arriva quasi a strozzarsi con uova di dimensioni pari a tre volte il suo corpo e… rigorosamente fresche, poiché un fiuto infallibile lo porta a trascurare quelle guaste.

Il **pesce ghiaccio antartico**, grazie alle sue potenti mandibole, oltre a divorare prede molto grandi in rapporto alla sua taglia, non esita a cibarsi persino di esemplari della sua stessa specie. Questo aspetto della sua alimentazione gli è valso anche il nome di pesce coccodrillo.

Orca

Voraci!

A quanto pare, fameliche e distruttive non sono solo le **cavallette**: la **chiocciola africana**, con i suoi 30 cm di lunghezza, non solo batte tutte le lumache sue simili, ma è così vorace che, quando attacca le coltivazioni, provoca autentici disastri.

Le **aquile di mare di Steller** della Russia orientale, dall'apertura alare maestosa, oltre 2,5 m, per 9 kg di peso, è raro che mangino da sole. Benché siano abili cacciatrici, preferiscono imbattersi nei salmoni spiaggiati scovati da gazze e cornacchie nei loro voli di ricognizione. Dopodiché, con i loro possenti becchi, lacerano la spessa pelle dei pesci, consentendo anche agli uccelli gregari di scroccare un pasto, poi si azzuffano con altre aquile accorse nel frattempo a contendersi la preda.

Di una pessima fama, in gran parte infondata, gode l'**orca**, definita "assassina", il più formidabile predatore dei mari, in grado di sbranare pinguini, foche, delfini e persino cuccioli di balenottera azzurra, colti di sorpresa da un ciclope di 6 t, che viaggia nell'oceano a più di 50 km/h.

Orca

CASA, DOLCE CASA

Le case degli animali sono **tane**, **nidi**, **gallerie sotterranee**, **torri d'argilla**, **buche**, **covili**, **cucce**, **tronchi scavati**, **stalle**, **cieli stellati**…

Tane e rifugi

I **pipistrelli** vivono in grotte buie; tuttavia, al pari di certi pesci ciechi, gli Ambliopsidi, che nuotano negli abissi o nelle cavità sottomarine, sono dotati di una sorta di sofisticatissimo radar che consente loro di evitare gli ostacoli. Sono gli unici mammiferi in grado di volare, grazie a vere ali, ma non, magari dopo una bella rincorsa, di rullare e decollare, perché le loro zampette sono troppo gracili per reggerne il peso. L'*Ectphylla alba*, un pipistrello sudamericano, trova riparo non in una caverna, o in un anfratto, ma sotto una grande foglia, che mordicchia lungo le venature e ripiega a mo' di tenda, dove si appende a testa in giù.

Pipistrello

Il **cane della prateria**, un piccolo mammifero del Nord America, scava tunnel sotterranei lunghi anche 30 metri, che possono ospitare migliaia d'individui: per entrare in casa, si cala da un buco in cima a una montagnola di terriccio, sotto la quale si estende un **intricato sistema di gallerie**, interrotte qua e là da piccole stanze dove dorme, partorisce i piccoli, o immagazzina provviste. Il piccolo cumulo di terra, oltre che da uscio, funge da **torre di guardia**, presidiata giorno e notte da una vedetta che sorveglia il territorio circostante; inoltre, l'ingegnoso monticello impedisce all'acqua piovana di allagare il suo labirintico rifugio nel sottosuolo.

Tana in sezione di cani della prateria

Talpa

Tana di talpa

Anche la **talpa** vive sottoterra e scava continuamente gallerie alla caccia di insetti, vermi e lombrichi, di cui è ghiotta; con il muso appuntito, le unghie taglienti e le potenti zampe, rimuove il terreno meglio di un caterpillar e in una notte può scavare un tunnel lungo fino a 15 metri. La talpa non esce quasi mai dalla sua tana, composta di più camere (una stanza da letto, che è poi anche il nido per i piccoli, arredata con soffice fogliame, una dispensa per il cibo e una latrina), perché, goffa e semicieca com'è, all'aperto cadrebbe facilmente tra le grinfie di gufi e volpi.

Vombato

Il **bilby**, un **bandicoot** australiano, scava una dozzina di tane molto profonde, "a spirale", tra cui si sposta incessantemente per sfuggire alla cattura e, nello stesso tempo, rendere arduo e rischioso l'ingresso ai predatori, dove ama rifugiarsi anche per cercare scampo dalla… calura.

Bandicoot

Il **tasso** non ama le tane anguste, così, la sua, è dotata di una cinquantina di camere sotterranee, che si estendono per centinaia di metri. Quelle del **vombato** sono più modeste, quanto a dimensioni, ma collegate, come una fitta rete, ai covi dei suoi numerosi parenti… In pratica, delle villette a schiera!

Se il **geomide di botta** scava lunghe tane con… i denti, e il **furetto dai piedi neri**, celebre per la "mascherina" di pelo scuro che gli cerchia gli occhi, non si fa scrupolo di occupare abusivamente quelle dei cani della prateria, di "stanarli" e di cacciarli fin dentro la loro casa o, in qualche rara occasione, di stringere con loro, specie se sono troppi per scacciarli con la forza, delle alleanze!

Altro ospite inatteso, e indesiderato, delle tane dei cani della prateria, è la **civetta delle tane**, che difende il "nido" usurpato (che, nel frattempo, si è ben guardata dal rendere più accogliente, rivestendolo con piume, rami o foglie), imitando il verso del serpente a sonagli.

L'**elfo dei cactus**, un piccolo gufo che starebbe comodamente nella mano di un bambino, ha un becco troppo piccolo, per di più uncinato, del tutto inadeguato per scavare un rifugio; così si annida nei buchi abbandonati dai picchi nel fusto dei giganteschi cactus americani, le cui spine lo proteggono dai malintenzionati.

Gufo

Altri **gufi**, invece, sono specializzati nel rubare la tana agli scoiattoli.

Il **topo campagnolo** stabilisce la sua residenza nell'erba alta, o nei campi di grano o di frumento; i **neotomi**, sorta di topi delle praterie, fra le sporgenze rocciose, o fra i cactus, e amano collezionare, come le gazze, oggetti luccicanti, bottoni, fibbie, forcine, sassi… Per rendere più confortevole la sua, il **coniglio** la fodera all'interno con fieno, erba, muschio e caldi peli, strappati alla sua pelliccia.

Coniglio selvatico

Arvicola rossastra

Lombrico

Il **lombrico** non ha zampe, unghie, denti e neanche un viso acuminato, eppure scava lunghe gallerie! Come fa? Con la bocca, ingoiando e mangiando la terra rimossa…

Suricati

I **suricati** vivono in colonie di alcune decine d'individui; nel dedalo di tane che si addossano e si intersecano nel sottosuolo, a ogni membro del gruppo sono assegnati compiti precisi: scavare nuove gallerie, occuparsi dei piccoli, o montare di guardia all'imbocco del loro rifugio.

Alcuni animali vivono in tane che assomigliano a nascondigli segreti. Il **coyote** si serve di pietre e cespugli per sbarrare l'ingresso al suo rifugio, in genere una grotta o un cunicolo, sul cui soffitto scava pazientemente una presa d'aria…

La femmina del **calao maggiore**, o **buccero bicorne**, un uccello indiano di grandi dimensioni, sigilla con il fango l'ingresso del nido scavato in un tronco; ritaglia, però, una minuscola finestrella nel muro che ha eretto, da cui, di tanto in tanto, lascia spuntare il becco, per consentire al maschio di portarle da mangiare fino alla schiusa delle uova. Ai primi pigolii, uscirà anch'essa a cercare il cibo per la prole, chiudendosi ogni volta, prudentemente, alle spalle, la porta di casa, almeno fintanto che i pulcini non sapranno volare.

Calao maggiore

Coyote

Toporagno con in bocca un lombrico

riva di un fiume, è un indizio più che probabile della presenza dell'alloggio di una **lontra**. La furbacchiona però, scava sempre, previdente com'è, anche una galleria all'interno della tana, un vero e proprio passaggio segreto, che sbuca… sott'acqua! E che le consente di sfuggire alla cattura da parte di qualche intraprendente predatore…

La **lince** erige, davanti alla sua tana su ripiani rocciosi, o dentro piccole caverne, un cumulo di pietre e sassi per celarne l'ingresso.

Tarantola

Anche quel soldino bucato del **toporagno** vive in gallerie sotterranee, ma in quelle già scavate dalle volpi, o dai topi, belle grandi e costate… poca fatica!

Un'apertura a malapena nascosta da rametti e foglie secche, sulla

Lontra di fiume americana

La tana della **tarantola** somiglia a uno scrigno regale… La tarantola è un grosso ragno che costruisce la sua abitazione in un buco del terreno; un'ingegnosa botola di fango, fa da porta d'ingresso a una "stanza" che la tarantola provvede, grazie alla sua bava, a tappezzare di seta.

Cormorano imperiale

Tessitore mascherato

L'**allodola** fa il suo nido nei campi, sul nudo terreno, ed è tutto d'erba, come il corridoio che ne precede l'ingresso, i **gabbiani fuligginosi** al riparo della cortina d'acqua rombante delle cascate dell'Iguazù, al confine tra Brasile e Argentina.
Il **rondone** predilige i comignoli, su cui intreccia dimore di ramoscelli a forma di amaca, mentre la **rondine americana** sospende ai cornicioni dei palazzi delle grandi città i suoi nidi di fango a forma di bottiglia.

Nidi

Per costruire il nido, gli uccelli utilizzano ramoscelli, ciuffi d'erba, corteccia, fango, terra, foglie secche, muschio, licheni, piume e peli di animali.
Il **colibrì** si serve di ragnatele per appendere il suo nido, grande quanto una monetina, al ramo di un albero. Il nido dello **svasso**, invece, al pari di quello di altri uccelli acquatici, galleggia come una zattera sulla superficie dello stagno.

Albatro con piccolo

Aquila di mare testa bianca

Monachella dorsonero

Di terriccio e resti vegetali sono fatti i "nidi fortificati" degli **albatri**, che spuntano come tante, piccole torri sulle scogliere. Come in tanti altri casi di nidi a terra, i pulcini escono di tanto in tanto a fare un giro, si radunano tra loro, pigolano senza sosta, per tornare a casa solo all'ora di mangiare.

Il **condor**, per tenere alta la sua fama di "animale spazzino", riveste il suo nido di stecchi e di rifiuti di ogni genere.

Largo 3 metri, profondo 6, del peso di 2 t, il nido delle **aquile testa bianca** del Nord America è senz'altro il più grande del mondo: alla sua costruzione pare che partecipino anche i... piccoli! Quello dell'**aquila marziale** africana, quasi altrettanto imponente, è ristrutturato, allargato e abbellito, anno dopo anno.

Il ***Malimbus ballmanni***, un uccello tessitore della Papua Nuova Guinea, costruisce grandi nidi dall'architettura complessa, detti "coloniali", poiché ospitano, all'interno, numerosi altri covi, sospesi alle piante mediante strutture tubolari simili a grandi liane. Quello dell'**uccello giardiniere**, a forma di pergolato, è dipinto, all'interno, con una sostanza colorata che esso stesso produce masticando pezzetti di corteccia e di carbone, e decorato con fiori e ogni genere di cianfrusaglie (frammenti di vetro, bacche, conchiglie, carta argentata, penne variopinte, chiodi), che l'uccello raccoglie durante i suoi voli. Ogni giorno abbellisce il davanzale con fiori freschi.

Coppia di giardinieri vicino al nido

Monachella

Le **cince blu** della Corsica intrecciano i materiali vegetali da cui ricavano il nido con lavanda e menta e, affinché questo sia sempre profumato e tenga lontano i parassiti, sostituiscono periodicamente gli steli delle piante odorose.

Piccolo di cuculo

I **passeri repubblicani** del Sudafrica edificano sulle acacie un vero e proprio condominio di steli e paglia, dalla forma di un enorme tetto largo fino a 4-5 m, dove l'intelaiatura è costituita dai rami stessi dell'albero, mentre le varie parti sono tenute insieme da ragnatele, fango, secrezioni salivari, bozzoli, e dove trovano posto fino a 300

Scricciolo europeo mentre nutre i piccoli

Aquila testa bianca

coppie di uccelli in tante cellette vicine.
Il **tessitore mascherato settentrionale** del continente africano e alcuni tipi di scriccioli, lavorano alacremente per costruire tanti nidi elaborati, dalle forme sorprendenti, che sottopongono all'approvazione della femmina, perché scelga il più bello…
Quelli che la compagna ha disdegnato, verranno distrutti subito dopo per mano e per becco del loro stesso architetto!
Una specie di **monachella** che vive in Egitto e Giordania ha escogitato un geniale antifurto: depone le uova nelle fessure delle rocce, che poi tappa con erba e foglie, senza scordarsi di accumulare, all'ingresso, una pila di sassolini e frammenti di conchiglie, in modo che precipitino come una frana sulla prima lucertola o serpente che si azzardi anche solo a sfiorare la pigna di detriti.
Il più trasandato, quello dalla dimora più trascurata è il **cormorano dalla doppia cresta**, che infila nel nido rifiuti, pezzi di rete da pesca e di plastica, persino carcasse e resti di uccelli morti.
Il **cuculo**, invece, non costruisce un suo nido, ma depone le uova nei nidi di altre specie insettivore, a cui demanda la cura della sua prole: un solo "piccolo" alla volta, che, per tutta riconoscenza, alla schiusa si sbarazza delle altre uova presenti nel nido, inganna e manipola i genitori adottivi e reclama per sé ogni attenzione.

Scricciolo comune vicino al nido

Una cantina umida...

Il **castoro** costruisce la tana sulle rive di uno stagno, o in mezzo al fiume, ma mentre la parte più alta del rifugio offre un riparo sicuro anche durante i rigori dell'inverno, quella più bassa è sommersa: è lì che si trova l'**ingresso** della tana, nella cantina ricolma di provviste, che il castoro raggiunge a nuoto per poi ritirarsi al calduccio nell'**appartato salottino**, dove, nella cattiva stagione, dorme e rosicchia arbusti e ramoscelli. Se il livello dell'acqua del torrente si abbassa improvvisamente, il castoro innalza una diga per mantenere "all'umido" l'entrata della sua casa e impedire così l'intrusione agli ospiti sgraditi...

I **topi muschiati** imitano la tecnica dei castori mostrandosi, a loro volta, provetti ingegneri.

Tana di castoro in sezione

Una capanna sugli alberi

I **bradipi**, molte specie di **scimmie**, alcuni **gorilla** e il **koala** sono tra gli animali che vivono sugli alberi, trovandovi rifugio, giaciglio, riparo dalla pioggia...

Bradipo con il cucciolo

Koala

Nei cunicoli

Termitaio

Le **formiche** scavano stanze e gallerie sotterranee piene di passaggi segreti, magazzini per le provviste, granai, discariche e reparti maternità zeppi di uova, ammucchiando, sopra il formicaio, i granelli di terra, sabbia e detriti estratti dal sottosuolo. Le **colonie di termiti**, d'altro canto, costruiscono i nidi d'insetto più grandi del mondo, torri di 10-12 m d'altezza.

Prefabbricati...

Le **vespe**, come i **calabroni**, fabbricano il nido con diverse fibre vegetali che masticano fino a ricavarne tante minuscole cellette, in pratica degli angusti monolocali, le cui pareti hanno la consistenza della carta. Altre specie di vespe però, utilizzano, per i loro alveari, il fango, che le **eumenidi** plasmano a forma di brocca, mentre le **poliste** preferiscono ispirarsi, per i loro modelli, alle canne d'organo.

Vespa nul nido

Picchio muratore

Case di legno...

Nelle cavità di un tronco, o di un vecchio albero sradicato trovano riparo un gran numero di animali: il **procione**, lo **scoiattolo**, il **porcospino**, il **ghiro**, la **civetta**, il **picchio** e, a volte, persino la **marmotta** e la **moffetta**.

Senza tetto… o quasi

Molti animali hanno per tetto un cielo stellato e per letto un soffice prato… Oppure, mentre di giorno pascolano placidamente o dormono al riparo di alberi e cespugli, di notte si muovono in branco alla ricerca di nuove terre, di pozze d'acqua, di erba da brucare, o prede da cacciare. **Zebre**, **antilopi**, **gazzelle**, **leoni**, **elefanti**, **bufali**, **giraffe**, **rinoceronti**, **ippopotami** cambiano casa ogni giorno. Così come i tanti **pesci**, **balene**, **trichechi**, che vagano per il mare senza fissa dimora. Il lombrico, nel corso della sua vita, scava una lunghissima, interminabile galleria con stanze dove non dorme mai più di una volta. La **pernice bianca** affronta i rigori dell'inverno artico da… senzatetto: solo quando la temperatura si fa troppo rigida, scava una buca nella neve, dove si accoccola per stare più al caldo; ma è solo con l'arrivo della primavera che allestirà, nella tundra, un vero e proprio nido per deporre le uova.

Bufali

Pernice bianca

Roulottes

Ci sono animali che trascinano dietro di sé la loro casa, come se fosse un camper… **Tartarughe**, **ostriche**, **lumache**, **chiocciole** vivono nel guscio che portano sul dorso. Quello della **chiocciola** è saldamente attaccato al suo corpo e munito di una porta fatata… Quando la chiocciola si ritira nel guscio, secerne una sostanza appiccicosa per proteggerne l'entrata; quando invece vuol mettere la testa fuori di casa, oplà, con un soffio potente, rimuove il sottile strato di secrezione trasparente, dà uno sguardo alla cartina e riprende il cammino…

Chiocciola *Helix aspersa*

RECORD

Salti in alto... salti in lungo

Canguri rossi

I salti del **canguro** superano in altezza la sua statura, grazie alle sue zampe potentissime e alla coda, di cui si serve, al pari di un equilibrista, come di un bilanciere; infatti, se si ferisce la coda, non può più saltare fintanto che questa non è guarita. I canguri del resto, sono saltatori così abili da aver smarrito la capacità di camminare: i loro balzi arrivano facilmente ai 12 m, come se a ogni scatto superassero una misura pari a quattro utilitarie...
Un altro marsupiale, il ratto canguro, è il miglior **saltatore in lungo**: i suoi balzi superano i 6-7 m, oltre 10 volte la sua lunghezza, e più di 20 la sua coda...

Cavalletta

I balzi della **cavalletta** sono alti dieci e lunghi venti volte la lunghezza del suo corpo: come se un uomo saltasse una casa di cinque piani, con il giardino, il cortile, l'area giochi e i box auto insieme... Ma il bello, è che la cavalletta può anche volare, benché, quando passeggia, preferisca saltellare qua e là.
La **pulce**, non ha rivali nel **salto in alto**: lunga solo un millimetro e mezzo, può saltare oltre 20 cm, 130 volte la sua altezza! Inoltre, è una vera campionessa di salto in lungo: può superare, in un colpo solo, la lunghezza di un braccio, come se un uomo spiccasse un balzo tra le due rive di un fiume. Nel salto con l'asta, la **locusta** non teme rivali, raggiungendo misure pari a 35 volte la sua altezza, come se un atleta in pedana si elevasse fino al quindicesimo piano di un edificio!

Pulce dell'uomo

Locusta migratoria

Il **puma**, o **coguaro**, o **leone di montagna**, detiene un doppio primato: è l'unico felino in grado di saltare oltre i 10 m di lunghezza e il solo mammifero terrestre che riesca a balzare fino a 4 m d'altezza.

Puma

Il **colobo rosso**, una scimmia arboricola di Zanzibar, può spiccare un salto di 8 m da un albero all'altro con un cucciolo stretto al petto, come se un uomo superasse una distanza di 15 m partendo da fermo e con una zavorra di 11 kg sulle spalle. I piedi del colobo rosso sono lunghi quanto metà della sua gamba, e mancano dell'alluce mobile, ridotto a un moncone, per consentire una presa perfetta sui rami alle quattro dita affusolate delle zampe posteriori.

Il **pesce farfalla africano** può schizzare

Pesce farfalla

Che capriola!

L'**idra**, un insetto acquatico senza testa, né gambe, né arti, non più lunga di una puntina da disegno, smilza e sottile come un filo, si muove facendo capriole e salti mortali! Da un'estremità dell'idra sporgono una sorta di filamenti, che agita freneticamente tutt'attorno prima di rotolarsi nell'acqua, lanciarsi in un'impennata da brivido, o tuffarsi a capofitto, per poi riposare aggrappata a una roccia.

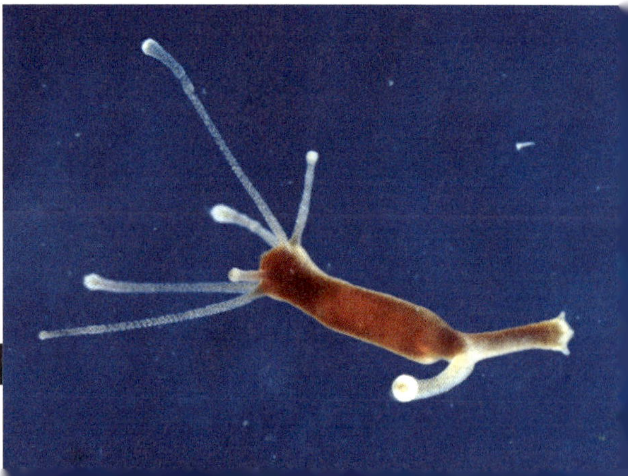

Idra

all'improvviso fuori dall'acqua e compiere piccoli voli, grazie alle pinne pettorali molto sviluppate che ricordano un paio d'ali.
La **megattera** ha una vera passione per i salti acrobatici, volteggia più volte di seguito nell'aria, prima di rituffarsi in acqua con tonfi tremendi; questo comportamento, noto come *breaching*, oltre a rappresentare una fonte di divertimento e una chiassosa tecnica di corteggiamento, serve a sbarazzarsi dei parassiti che ne infestano la pelle.

I PIÙ LENTI
Sei proprio una lumaca!

La fama della **lumaca** è ben meritata: in un giorno intero percorre, in piano, solo qualche decina di metri, lasciando dietro di sé una traccia argentata, un sottile strato di bava che trasuda dal suo corpo, che la protegge anche quando si muove su superfici sdrucciolose o accidentate. Con grande invidia della **patella**, un mollusco che vive abbarbicato a uno scoglio, la quale, dall'alba al tramonto, si sposta, al massimo, di una trentina di centimetri…
Anche la flemma dei **bradipi** è leggendaria: quando lasciano i rami sui quali sonnecchiano per intere giornate, questi mammiferi erbivori si muovono, o meglio, si trascinano sugli artigli, alla supersonica velocità di 2,5 m al… minuto. 3,5 km al giorno!
I **koala** tengono a fatica il passo dei bradipi, tuttavia, per sentirsi in forma, questi marsupiali devono dormire almeno 22 ore al giorno: come pigroni non hanno rivali!
I **cavallucci marini** non sono proprio dei fulmini di guerra: trotterellano placidi tra i flutti con un'andatura pari a 1,5 m l'ora…

Bradipo

Cavallucci marini

Lumaca

Colibrì

Cuori grandi e piccoli

Il cuore più grande appartiene alla **balenottera azzurra.** Non può essere altrimenti, trattandosi dell'animale più grosso di tutti! Arriva a superare le 200 t di peso, perciò il suo cuore è un bel muscolo di 8 q! Quello del **colibrì**, grande come un mirtillo, rappresenta ben il 20% del suo volume corporeo (percentuale più alta che in ogni altro animale), e batte 500 volte al minuto, quando l'uccello è posato, o a riposo, mentre può schizzare a una frequenza di 1200 battiti nel corso delle schermaglie con i rivali.

Balenottera azzurra

Il **capodoglio**, il mammifero più corpulento munito di denti, è lungo quasi 20 m, arriva a pesare 50 t, e possiede il cervello più voluminoso, 7 kg, tra tutte le creature viventi della terra, benché risieda in un'enorme testone dentro il quale si perde…

I PIÙ VELOCI

Sprinter di terra e di mare

Sulla terra, campioni di velocità sono i mammiferi quadrupedi. Il principe degli scattisti è il **ghepardo**, che raggiunge i 110 km/h, benché debba fermarsi spesso a riprendere fiato (almeno ogni 500 m). Proprio una delle sue prede, la **gazzella di Thompson**, sfreccia per la savana a 80 km/h, dove, di tanto in tanto, incrocia una mandria di **bufali** inferociti

Capodoglio

Ghepardo

stesso ritmo di corsa per 3000-4000 m, l'altra procede "tranquilla", si fa per dire, a 40 km/h per almeno 2000-3000 m senza sfiancarsi. Molte razze di **cani da caccia** non sempre sanno far di meglio…

che, anziché darsela a gambe di fronte a un leone, si lancia al loro inseguimento a quasi 60 km/h, rivelando, nonostante la mole, insospettabili doti da sprinter.

Gazzelle di Thompson

Lo **struzzo** poi è un velocista particolare: bipede, come tutti gli uccelli, anziché spiccare il volo, con le sue lunghe zampe corre alla ragguardevole media di 50-70 km/h per 30-40 minuti di seguito! Autentico ***maratoneta***, il lupo normalmente trotterella e passeggia a 8 km/h, ma, quando caccia in branco, può mantenere, per almeno 20 minuti, una velocità di 60 km/h! Altro grande ***marciatore*** è il **licaone**.

L'**iguana dalla coda spinosa** è il rettile terrestre più veloce, può raggiungere i 35 km/h, mentre il **mambo nero**, con i suoi 20 km/h di media, si aggiudica il primato tra i serpenti.

Non sono da meno le **antilocapre** americane, rapidissime nella corsa, con medie di 50-70 km/h, e infaticabili sulle medie-lunghe distanze. Veloci e resistenti al tempo stesso, il **cavallo** e la **iena** sono veri campioni nel "***mezzofondo***": se il primo galoppa come il vento a oltre 60 km/h mantenendo lo

Cavallo

Pesce vela

all'apparenza goffo come la **gru**, durante le migrazioni può mantenere una velocità di crociera attorno ai 70-80 km/h: roba da far invidia ai caprioli…

Tra gli ***animali marini***, il ***record di velocità*** appartiene al **pesce vela**, che col mare calmo, quando ripiega la caratteristica pinna dorsale, tocca i 109 km/h, pari a 100 m in 3,3 secondi; ma si distingue anche il **tonno**, che fende le onde a 80 km/h, neanche fosse un felino!

Tonno

Il **basilisco verde** della famiglia delle iguane, ritto sulle zampe posteriori, fornito di lunghe dita unite tra loro da membrane di pelle, vere e proprie "pinne" naturali, è l'unico animale che sfreccia sull'acqua

Basilisco piumato

per decine di metri alla velocità di 11 km/h, con la coda sollevata per mantenersi in equilibrio e sbattendo i piedi vigorosamente.

I **solifugi**, o **ragni sole** sono gli ***invertebrati*** più veloci: coprono i 100 m in 24 secondi, ma il bello è che non si fermano mai, al più rallentano un poco il ritmo… **Le vagabonde americane**, infine, che assomigliano un po' alle blatte, si muovono alla velocità di 5,4 km/h; non molto, sembrerebbe, se ciò non equivalesse a 50 volte le loro dimensioni al secondo!

Gli ***animali più veloci dell'aria e del pianeta*** sono però gli **uccelli**. Il ***primatista del mondo*** è il **falco pellegrino**, che in picchiata tocca i 180-200 km/h. Anche un pennuto

Falco pellegrino

L'animale ***più veloce sottoterra*** è la **talpa**, capace di scavare una

Talpa

galleria di 2 m in soli 12 minuti e… alla cieca! **Talpe**, **tassi** e **visoni**, hanno, infatti, la vista corta, ma in compenso un naso sensibilissimo!

Piccoli siluri

A che velocità volano gli insetti? La **libellula**, la più lesta (in particolare la **libellula imperatore**, la più grossa), può sfrecciare a oltre 60 km/h, quanto un ciclomotore, inseguita dal **tafano del cavallo** che si ferma a 42 km/h, di un'incollatura appena davanti a una falena notturna, la **farfalla smerinto**: 41 km/h. L'**ape**, il **calabrone** e la **vespa**, volano e ronzano rispettivamente a 24, 22 e 20 km/h, mentre **mosche** e **cavallette** si librano nell'aria a poco più di 7 km/h. Il moscerino della frutta volteggia a 3-5 km/h, ampiamente al di sotto dei limiti di velocità…

Tafano

Calabrone

Libellula

I PIÙ FORTI
Superman contro Hulk

Tra gli ***animali più forti***, vanno annoverati quelli di grandi dimensioni, o dotati di una straordinaria massa muscolare. L'**elefante africano** e quello **asiatico**, rispettivamente di 7 e 5 t di peso, sono in grado di muovere carichi superiori a una tonnellata. La gigantesca mole e un peso superiore alle 3 t e mezzo, sono alla base della micidiale forza dell'**elefante marino**, che nei combattimenti con i rivali si manifesta in tutta la sua potenza. Anche i grandi serpenti non sono da meno: **boa** e **pitoni** sono in grado di catturare e strangolare tra le spire prede delle dimensioni di un'antilope.

Pesi mosca

Persino gli animali di taglia modesta si rivelano degli autentici forzuti; il **frosone**, per esempio, un uccello simile a un passero, del peso di appena 55 g, estrae con il becco i semi degli alberi dai noccioli durissimi di cui è ghiotto, esercitando la pressione di un maglio: 15 kg per cmq. D'altra parte, una piccola **formica** trasporta pesi quattro volte superiori al proprio, mentre un sollevatore di pesi a malapena può arrivare a due volte e mezzo...

Pesce palla stellato

I più feroci... e pericolosi

Gli animali più temibili sono quelli ***velenosi***: il piccolo **polpo dagli anelli blu**, il **pesce pietra**, il **pesce palla**, il **pesce leone**, lo **scorpione**, un ragno piccolo ma terribile, la **vedova nera**, nonché serpenti come il **cobra indiano**, il più lungo del mondo, il **mamba nero**, la **vipera del Gabon**, o il **taipan australiano**, possono, con un solo morso, provocare la morte di un uomo, iniettandogli, nel caso del taipan, una dose di veleno tale da uccidere 250.000 topi... Molte delle vittime del **serpente**

Rana agile

Zampe di rana

La potenza delle zampe posteriori di una **rana** è maggiore rispetto a quella rilevata nei più grandi campioni di ciclismo. Peccato, che alle grandi tappe e alle scalate, preferisca le placide nuotate in uno stagno e le serenate al chiaro di luna...

Mostro di Gila

corallo sono bambini, attratti dal colore sgargiante delle spire e dalla sua piccola taglia, più conforme a quella di una biscia, che non a quella di un killer micidiale.
In Colombia vive la **rana** più velenosa del mondo, la **dendrobate fragola**: un centesimo di grammo del suo veleno basta a uccidere un uomo; gli indios, da un minuscolo esemplare, ricavano almeno 50 frecce avvelenate…
L'**eloderma sospetto**, o **mostro di Gila**, con i suoi affilatissimi denti, è la lucertola più velenosa del pianeta (a farne le spese sono soprattutto uccelli, topi e altre lucertole), mentre tra gli uccelli letali vanno annoverati il **pitohui** e l'***Ifrita kowaldi*** della Nuova Guinea, le cui piume sono

cosparse di omobatracotossina, una sostanza tossica presente in un coleottero, la ***Choresine pulchra***, di cui questi uccelli insettivori si cibano abitualmente, sostanza secreta anche da un'altra venefica rana sudamericana, la ***Phylobates terribilis***. Come molti altri animali velenosi (vedi il **ratto lunare** indonesiano), il pitohui e l'*Ifrita kowaldi* emanano un cattivo odore e hanno una livrea coloratissima.
Un cattivone per eccellenza è considerato lo **squalo bianco**, lungo più di 12 m, per 3 t di peso: la doppia fila di denti affilatissimi (almeno 3000), lunghi oltre 7 cm, e le mascelle dalla forza sorprendente, ne alimentano la fama di spietato predatore, benché sia ghiotto principalmente di foche e delfini e non siano mai più di 50-60 gli attacchi all'uomo che si registrano ogni anno nei mari di tutto il mondo.
Una micidiale macchina di morte è la **foca leopardo**, dal mantello maculato, lunga più di 3 m, del peso di mezza tonnellata,

Foca leopardo

armata di una corona di denti acuminati con la quale sbrana i pinguini (ma anche altre specie di foche), che le capitano a tiro, si avventurano in mare per la prima volta, o le "cascano" letteralmente in bocca, dopo che, con uno stratagemma, scuotendo cioè a più riprese i lastroni di ghiaccio dove cercano invano scampo, li sbilancia, fa perdere loro l'equilibrio, per poi, una volta scivolati in acqua, dilaniarli in un battibaleno.

Gli uccelli più pericolosi appartengono alle tre specie di **casuario** della Nuova Guinea e dell'Australia, i più grandi del mondo dopo lo struzzo: alti fino a 2 m, per 85 kg di peso. La loro caratteristica principale, insieme al piumaggio ispido e filamentoso, bruno nerastro, all'alta cresta elmo che spunta dalle loro teste glabre, alle violacee caruncole, le escrescenze carnose, che pendono loro dal collo, è il grosso sperone delle zampe. Aguzzo, lungo una dozzina di centimetri, il casuario se ne serve per sfuggire alla cattura, o per difendere la prole e, scalciando in preda alla furia, può persino squarciare lo stomaco di un uomo e provocarne la morte.

Casuario

Tradizionalmente però, nelle fantasie di grandi e bambini, gli animali ritenuti più minacciosi sono i ***grandi predatori***: **leoni**, **leopardi**, **tigri**, **giaguari**, benché pratiche di caccia indiscriminate, e una sistematica distruzione del loro habitat naturale ad opera dell'uomo, abbiano ridotto queste specie a poche migliaia di individui. Ogni anno, in tutto il mondo, i cosiddetti animali feroci provocano

meno vittime delle **meduse** (specialmente della ***Chirones fleckeri***), delle comuni **api** o di certi **protozoi**, della **mosca tsè-tsè** o della **zanzara anofele**, che trasmette la malaria e che, in certe aree geografiche, miete morte e distruzione: oltre 3 milioni di decessi all'anno nei soli paesi tropicali.
I **piraña** godono fama di pesci sanguinari: voracissimi, piuttosto piccoli, 30-60 cm al massimo, un branco può spolpare una grossa preda in pochi attimi.

Piraña

Sudori freddi

In Italia, soprattutto in Toscana, vive un parente stretto della vedova nera: la **malmignatta**, o ragno volterrano, la cui femmina, lunga appena un centimetro, con 13 macchie rosse sul dorso, se molestata può pungere un uomo provocandogli sintomi quali nausea, febbre, paresi degli arti e… sudori freddi.

Tigri

Struzzo con le uova

I PIÙ GROSSI
Pachidermi

L'***animale più grande*** di tutti è un ***mammifero marino***: la **balenottera azzurra**, che sfiora i 30 m di lunghezza e arriva a pesare fino a 200 t, come 30 elefanti africani! Una fame da… lupi, la porta a divorare dai 2 ai 3 q di gamberetti ad ogni pasto! Di una categoria superiore, sono anche la **megattera**, un cetaceo di 14 m, per 30 t di peso, che vive nelle acque polari, e l'**elefante marino,** lungo fino a 6 m, alto 3 e largo altrettanto, che pesa oltre le 3 t. Se con una lunghezza massima di 18 m, lo **squalo balena** è il pesce con la mole maggiore, arriva a 7-8 t di peso, e quello che depone l'uovo più grande, lo **squalo elefante**, famoso per il suo muso molto allungato, si aggiudica il secondo posto tra i pesci più grandi, arrivando a sfiorare i 15 m, per 10 t di peso. Nonostante l'aspetto, non è per nulla aggressivo, infatti, con i suoi corti, deboli dentini, si ciba prevalentemente di plancton. Anche l'**elefante**, l'animale più grande e pesante della ***terraferma***, non scherza: alto circa 4 m, sfiora le 7 t, e per soddisfare il suo vorace appetito occorrono 250 kg di cibo al giorno e 220 l di acqua; le sue zampe sono più massicce di molti tronchi d'albero. **Ippopotami** e **rinoceronti bianchi** sono, a loro volta, in cima alla classifica: entrambi sono lunghi circa 4 m, per un'altezza superiore al metro e mezzo e un peso di 3-4 t; i secondi inoltre,

Elefanti

Yak

possono vantare un corno di quasi un metro di lunghezza. Da restarci con un palmo di naso!

Bisonti, **bufali** e **yak** non sono certo gli ultimi arrivati ed esibiscono con disinvoltura la loro stazza, attorno alla tonnellata, nelle praterie americane, nelle pianure indiane e persino oltre i 5000 m d'altitudine, sulla catena montuosa himalayana.

Orso bruno

Il più grande ***onnivoro*** è l'**orso bruno**: alto fino a 3 m, pesa anche 8 q! Di fronte a questi mastodonti, pochi altri animali possono competere: il **coccodrillo**, con i suoi 7 m di lunghezza per una tonnellata di peso, di certo non sfigura, al pari della **tartaruga liuto**, o ***Dermochelide coriacea***, che misura oltre 2 m e supera i 600 kg, e che pare capace di compiere migrazioni di 7000 km, prima di tornare a deporre le uova, ogni tre anni circa, sulla stessa spiaggia. Si difende bene anche il **tapiro della gualdrappa** che raggiunge i 2,5 m di lunghezza, per 5 q di peso.

Il più grande ***mammifero oviparo*** del mondo, 16 kg circa, l'**echidna**, vive in Oceania.

Coccodrillo

Il roditore più grande è il **capibara**, vive nell'America del Sud, è lungo fino al metro e mezzo e pesa oltre 80 kg, mentre tra i marsupiali, il **canguro rosso** è un vero peso massimo: un quintale di stazza per circa 2 m d'altezza.

I **varani di Komodo** sono le ***lucertole*** più grandi del mondo: i maschi adulti pesano fino a 135 kg, per 3 m di lunghezza, le fauci sono provviste di

Anaconda

Rana toro

Struzzo

denti affilati come lame, mentre un colpo ben assestato della lunga e saettante coda può procurare ferite mortali. Tra i **serpenti**, il **pitone** e l'**anaconda** si disputano la palma del più grosso: sebbene lunghi entrambi almeno 10 m, pare che il secondo, con i suoi 250 kg, si aggiudichi per un'incollatura la gara dei rettili.

Il **pesce luna**, il più grande tra i ***pesci ossei*** (gli squali sono pesci cartilaginei), ha la forma di un ovale irregolare; vanta inoltre una pinna caudale costituita da un'enorme escrescenza ossea, una pelle spessa 15 cm, e arriva a una lunghezza di 3 m, pari all'incirca all'altezza, per un peso di oltre 2 t. Anche lo **storione** è un pesce enorme: lungo fino a 3,5 m, pesa oltre i 3 q; vive in mare, ma risale i fiumi per riprodursi.

La **manta gigante**, dell'ordine dei raiformi, che comprende anche la pastinaca, l'aquila di mare, il pesce sega e le mante in genere, ha gli occhi sul dorso, il corpo costituito da un disco piatto, dal quale sporgono pinne di 7 m di lunghezza, mentre il suo peso si aggira attorno a 1,5 t.

La **rana golia**, un anfibio che vive nei fiumi africani, raggiunge dimensioni eccezionali: 3,5 kg di peso per 40 cm di lunghezza; al suo cospetto, solo la **rana toro** americana, dall'alto dei suoi 20 cm, regge il confronto... Tuttavia, tra gli anfibi, il record appartiene alla **salamandra gigante del Giappone**, lunga ben 1,5 m!

Tra gli ***uccelli***, campione indiscusso della categoria è lo **struzzo**, alto 2,7 m, per 150 kg di peso. I rivali seguono a molte lunghezze. E se l'**albatro urlatore** può vantare una lunghezza di 1,35 m e un'**apertura alare** addirittura di 3,5 m, la maggiore in assoluto, in compenso pesa non più di

Pitone reticolato

Albatro urlatore

Titanus giganteus

10 kg: quanto un cagnolino di piccola taglia!

Anche tra gli ***invertebrati*** si trovano dei "pachidermi"... In Amazzonia vive il coleottero più grosso tra quelli conosciuti, il ***Titanus giganteus***: se gli adulti sono lunghi oltre una quindicina di cm, le larve superano la spanna! Lo **scarabeo golia** dell'Africa equatoriale, è grande quanto una mela matura e può pesare 180 g (come 200 coccinelle), mentre il **granchio gigante** che si aggira per i mari giapponesi, più che un crostaceo sembra un effetto speciale: la distanza tra le sue chele è addirittura di 3,65 m. Per non parlare del **calamaro gigante**, che misura come una nave da pesca: oltre 20 m. Il **granchio del cocco**, il più grande ***artropode terrestre***, è in realtà un **paguro** di 40 cm, dotato di robuste chele, con le quali frantuma noci di cocco, o solleva oggetti di una trentina di chili, 7-8 volte il suo peso medio.

Tra i **gasteropodi**, la **lumaca gigante africana**, lunga una quarantina di centimetri, arriva a pesare 900 g. I **weta neozelandesi**, insetti giganti senza ali, dall'aspetto di enormi grilli, pesano ben 70 g! Gli **scorpioni imperatore** possono raggiungere una lunghezza di 18 cm e pesare oltre mezzo etto, però non sono tanto velenosi quanto ci si aspetterebbe... La **farfalla della regina Alessandra** della Papua Nuova Guinea, con un'apertura alare di ben 28-30 cm e un peso di 25 g è un colosso nel suo genere!

Stelle... ciclopiche!

Ci sono anche **stelle marine** ciclopiche che, quando stendono le braccia, coprono una superficie vicina al metro quadro, uno spazio capace di ospitare, normalmente, un centinaio di quelle, assai più piccole, che popolano il Mar Mediterraneo.

Primati tra i primati…

Tra i **primati**, solo l'uomo, a quanto pare, tenta senza successo di contendere al **gorilla**, 2 m d'altezza per oltre 2 q di peso, il record della categoria. Docile, sensibile, coraggioso, il gorilla ha un'intelligenza paragonabile a quella di un bambino, mentre l'**orangutan** del Borneo, i cui parametri fisici sono, seppure di poco, al di sotto di quelli dell'uomo, è anch'esso molto intelligente, di buon carattere, particolarmente legato al suo clan e ai membri della sua famiglia, premuroso e dolcissimo nei confronti della compagna e dei piccoli.

Nani e gnomi

Il ***mammifero di terra più piccolo***, il **mustiolo**, una specie di toporagno, è lungo non più di 6-7 cm, compresa la coda, e pesa appena 2 g. La sua taglia è di ben 100 milioni di volte inferiore a quella della balenottera azzurra. Le misure del mustiolo, sono simili a quelle del **colibrì** e del **pipistrello pigmeo** della Thailandia, il mammifero più leggero capace di volare, lungo non più di 3,5 cm. Il **kancil malese** è il ***ruminante*** più piccino: lungo quasi 50 cm, pesa tra i 2 e i 3 kg; il ***carnivoro*** più piccolo è la **donnola pigmea**, lunga appena 15 cm, mentre tra le ***proscimmie*** si distingue il **lori gracile**, alto non più di 26 cm e di 3 etti di peso. Tra i ***primati***, il ***Microcebo mioxino***, un lemure del Madagascar lungo circa 6 cm, con una coda di 14, pesa solo 30 g; tra le ***scimmie*** "svetta" invece l'**uistitì pigmeo** dell'Amazzonia, aggressivo e dispettoso, che misura una

Colibrì

Uistitì

trentina di centimetri, per un etto di peso: in pratica può stare tranquillamente nel palmo di una mano.
L'**opossum del miele** è un ***marsupiale*** lillipuziano di 7-9 cm, che fa segnare sulla bilancia un peso compreso tra gli 8 e i 15 g.
La ***lucertola*** più piccola è un **geco** marrone scuro, con testa appuntita e coda delicata, chiamato **jaragua**, che vive nei Caraibi, lungo appena 18 mm.

Lori gracile

La **rana del monte Iberia**, lunga solo un centimetro, contende alla **rana dorata brasiliana**, la ***Psyllophryne didactyla***, il primato di ***anfibio più piccolo del mondo***, questione di millimetri...
Un ***pesce in miniatura*** è il **ghiozzo nano**, il più piccolo vertebrato conosciuto, lungo non più di 8,6 mm, per 4-5 g di peso.
Il **camaleonte nano del Madagascar** e dell'Africa centromeridionale, misura non più di 2 cm ed è un vero campione di mimetismo.

Camaleonte nano

Ci sono poi ***serpenti*** così corti, come il ***Leptotyphlops bilineata***, che, anche appesi a testa in giù, a malapena, raggiungono la misura di… 10,8 cm.
La **licena nana** del Sudafrica è una minuscola farfalla con un'apertura alare di 1,4 cm, per 10 milligrammi di peso.

Zecca parassita dei piccioni

Zecche e **acari** sono gli ***aracnidi*** più piccoli e certamente tra i più diffusi: le loro dimensioni variano da 1/10 di millimetro a 3 cm.
Il **krill** è un ***gamberetto trasparente***, lungo pochi millimetri, che vive in colonie di miliardi di suoi simili, la maggior parte destinata a diventare cibo per gli abitanti degli oceani.

Mettiamo i puntini sulle i…

Il **ragno delle isole Samoa** non arriva alla lunghezza di mezzo millimetro, meno di un puntino…
In alcune specie di **ragno dall'orbita dorata**, la femmina è 100 volte più grande del compagno, troppo piccolo persino per essere divorato.

Dromedario

GIGANTI
Più in alto di così…

Le **giraffe** sono gli ***animali più alti del mondo***, i maschi adulti possono raggiungere un'altezza di 5,5 m, e anche quelli con il collo più lungo, grazie al quale possono brucare persino le foglie sulle cime delle acacie e degli altri alberi della savana. Oltre che i più grossi animali sulla terraferma, con i loro 4 m di statura gli **elefanti** vanno annoverati tra i giganti. Quanto alle ***orecchie*** poi, sono imbattibili!
Una menzione speciale meritano anche **cammelli** e **dromedari**, che osservano sdegnosi il mondo dall'alto dei loro 2-2,3 m d'altezza, per 5,6 q di peso.

Giraffa

I più robusti... e resistenti!

L'**orso bianco**, che vive al Polo Nord in tane di neve, detiene senza dubbio un invidiabile record di resistenza al freddo, sfidando temperature di -40 °C. Non è da meno il **bue muschiato** che, grazie al suo mantello otto volte più caldo di quello della pecora, batte i denti solo a -65 °C, quando, prudentemente, si accovaccia nella neve, invece di tenere testa ai venti gelidi della tundra artica. Tuttavia, il **pinguino imperatore**, vero campione del mondo di "endurance", al Polo Sud sopporta un clima ancora più rigido, -80 °C. Inoltre, al maschio compete di covare l'unico uovo deposto dalla femmina, proteggendolo al caldo tra le zampe; per portare a termine la missione, digiuna stoicamente per quasi tre mesi, esposto ai venti gelidi e alle tempeste di neve, da cui cerca riparo stringendosi al corpo dei compagni per ridurre la dispersione di calore.

Un insetto, la **pulce dei ghiacci**, e un artropode, il **collembolo** dell'Isola di Ross, in Antartide, lunghi appena un paio di millimetri, affrontano il gelo più tenace, anche -15 °C, grazie al glicerolo, una sostanza naturale antigelo prodotta dal loro organismo.

Anche il **pesce ghiaccio antartico**, si fabbrica da sé l'anticongelante che gli consente di sopravvivere nelle acque polari, inoltre, il suo sangue è del tutto privo di globuli rossi, il che gli conferisce la colorazione traslucida di un sorbetto… La **rana orientale dei boschi**, l'unico anfibio che vive oltre il Circolo Polare

Orso polare

Bue muschiato

Pinguino imperatore

Artico, si protegge dal freddo, in virtù dei glucidi complessi, in pratica degli zuccheri, prodotti dal suo fegato, che agiscono da antigelo. La rana congela, ma non i fluidi del suo corpo, che conservano in salute gli organi vitali, i quali riprenderanno regolarmente a funzionare all'arrivo della primavera.

Dromedario con il cucciolo

Per raggiungere la loro dimora invernale, alcuni pinguini migrano a nord, altri a sud. I **pinguini reali** si dirigono verso il Polo Sud, mentre quelli di **Adelia**, più piccoli, si dirigono a nord, verso il mare antartico. Camminano sulla neve o sul ghiaccio, talvolta scivolano sulla pancia come slitte, sfidando tormente e venti gelidi che ne mettono a dura prova la resistenza. Quando ritrovano i nidi dell'anno precedente, i **pinguini reali** si fermano per deporvi le uova e allevare i piccoli, incuranti del tempo inclemente, nel periodo più freddo dell'anno. I **pinguini di Adelia**, invece, depongono le uova solo in primavera e trascorrono l'inverno tuffandosi, uno dopo l'altro, in fila indiana, secondo una gerarchia prestabilita, e nuotando nell'acqua ghiacciata del mare…

Pinguino di Adelia

Pinguino reale

Nell'infuocato deserto, a 60-70 °C, il **dromedario**, un campione di resistenza alle alte temperature, può rimanere senza bere e mangiare per settimane, grazie al deposito di grasso nella gobba, salvo poi, quando giunge in vista di un pozzo o di un'oasi, "scolarsi" fino a 140 l d'acqua in poco meno di un quarto d'ora! Anche l'**addax**, l'antilope "dalle corna a vite" che vive nel Sahara, può sopravvivere senz'acqua per lunghissimo tempo: la attinge, infatti, direttamente dal cibo, perlopiù piante perenni del deserto, e dalla rugiada, la conserva in speciali tasche dello stomaco e vi ricorre quando avverte un pericolo di disidratazione. D'altra parte, nel deserto australiano, vive una rana capace di aspettare, per dissetarsi, anche… due anni! Fino cioè alla prima pioggia, che la risveglierà dal letargo, consentendole di uscire da una sorta di umido bozzolo nel quale si era avvolta in vista della siccità.

Ratto

Ratto grigio

Tenaci!

Molti inorridiscono alla vista di un topo, forse non sanno però che il ***Cricetomys gambianus***, un **ratto africano** gigante dall'olfatto molto sviluppato, è addestrato con successo per localizzare le mine antiuomo (nel Mozambico ha contribuito a bonificare un'area di oltre 60 kmq), a identificare, attraverso la saliva, i malati di tubercolosi, e a rintracciare, sotto le macerie e i detriti, i superstiti di un terremoto, mentre un suo cugino alla lontana, un **topo da laboratorio** denominato **Black 6**, ha volato nello spazio a bordo dello *Space Shuttle*. È vero però, che ogni giorno nel mondo nascono all'incirca 3.600.000 topi, 10 ratti almeno per ogni essere umano che viene alla luce, che sono portatori di diverse malattie, come il tifo e la peste bubbonica, e che nelle bidonville e nelle realtà più povere del terzo mondo sono considerati degli autentici flagelli.

Campione di apnea

Un cetaceo, il **capodoglio**, detiene il ***record d'immersione in apnea***: a 1000 m di profondità resiste più

Capodoglio

Sterna inca

Cormorano comune

di un'ora senza respirare. Anche il **pinguino imperiale** dell'Antartide è un subacqueo provetto: nel gelido mare di Ross si spinge fino a 400-500 m di profondità, rimanendo sott'acqua una ventina di minuti.

Campioni di tuffi

Tra gli uccelli marini si contano molti ***campioni di tuffi***, dal **cormorano**, al **martin pescatore**, al **fetonte beccorosso**, che, agitando elegantemente in aria le lunghe penne timoniere della coda, vola fino a centinaia di chilometri dalla costa prima di tuffarsi per catturare il pesce.

La **sula fosca**, vera primatista nella specialità, si lancia in acqua da 30 m d'altezza, e, grazie al suo corpo affusolato e all'aerodinamico becco conico, si immerge in profondità, sulla scia di un banco di sardine o di calamari. La **sterna inca** si tuffa dalle alte scogliere delle coste andine, dove vive in estese colonie, per catturare le sue prede, tuttavia, non disdegna di partecipare ai banchetti di otarie e megattere, dove si butta… sui loro avanzi.

Martin pescatore comune

Medaglia d’oro nella trasvolata

Durante le migrazioni, le **sterne artiche**, in poche settimane, sono in grado di percorrere migliaia e migliaia di km, almeno 36.000, attraverso i continenti, dall’Artico fino ad approdare, lungo rotte costiere, agli oceani dell’emisfero meridionale e al Polo Sud, alla ragguardevole media di 160 km al giorno in favore di vento…

Il **primato di volo senza scalo** spetta invece al **cuculo** della Nuova Zelanda, che approda alle Isole Salomone, nel Pacifico, dopo un viaggio ininterrotto, senza scali, di 4400 km. Segue a ruota il **piviere dorato americano**, che per raggiungere le isole Hawaii dal Labrador canadese, vola senza sosta per 4000 km.

Grandi tragitti compiono anche le **oche selvatiche** (la caratteristica formazione a V degli stormi, adottata per vincere la resistenza dell’aria, allevia la fatica del volo degli uccelli), le **cicogne bianche** e, in rapporto alla mole, anche il **colibrì rossiccio**, che migra, ogni stagione, dall’Alaska fino al Messico; il **regolo**, un minuscolo pennuto di soli 5 g di peso, dai paesi scandinavi raggiunge il Mediterraneo per svernare.

Incredibile poi, la **sterna fuligginosa** può rimanere in volo anche 10 anni di seguito senza mai posarsi, mangiando, dormendo e accoppiandosi sempre sospesa in aria!

Sterna artica

Regolo comune

Oca selvatica

Cicogna bianca

Che piccione!

I **piccioni viaggiatori** possiedono un'innata, straordinaria capacità d'orientamento, che migliora con l'esperienza e l'addestramento. Sanno ritrovare la strada di casa anche senza punti di riferimento, a centinaia di km di distanza dalla loro base e all'oscuro del tragitto che li ha condotti fin lì, utilizzando, almeno così pensano gli studiosi, il Sole, il campo magnetico terrestre e minime tracce olfattive. Sono anche in grado di scegliere il percorso ideale, in alcuni casi più lungo, ma più collaudato, quanto a stabilità e sicurezza del volo, di seguire le grandi vie di traffico, le strade principali, il corso dei fiumi, e intanto tracciano e memorizzano una mappa ideale del territorio.

Piccione viaggiatore

Record d'altitudine!

Nei ***record d'altitudine***, primeggiano il **grifone di Rueppel** (certi esemplari arrivano a quote superiori agli 11.000 m), e i **cigni selvatici**, che, dall'alto dei loro 8000 m, volteggiano e incrociano le rotte con gli aerei di linea.

Strani pennuti...

Tra gli uccelli, l'**albatro urlatore**, è quello con la maggior apertura alare: oltre 3 m! Un vero e proprio aeroplano in miniatura, che tuttavia fatica a decollare sulla terraferma; preferisce farlo dal mare, dove prende la rincorsa, batte forte le ali e percuote l'acqua con le zampe palmate, fino ad alzarsi in volo, incontro al vento. A contenderne il primato, vengono, nell'ordine: il **condor della California**, circa 3 m di apertura alare, che può veleggiare nel cielo, spinto dalle correnti, senza sbattere le ali, per miglia e miglia, **quello delle Ande**, 2,90 m, e il **cigno reale**, 2,40 m.
Il ***becco più grande***, quasi mezzo metro, appartiene invece al

Cigno selvatico

Cigno reale

pellicano, che se ne serve come di un'efficace rete da pesca. Quello del **colibrì dal becco a spada** detiene un curioso primato: in rapporto al corpo, 25 cm coda compresa, il suo è senz'altro il ***becco più lungo***, oltre la metà della misura totale. Inoltre, il colibrì dal becco a spada, appartiene alle poche specie di uccelli in grado di volare… all'indietro!
Del suo ***becco potente***, dalla forma di uno zoccolo di legno, carenato e leggermente incurvato, con la punta munita di uncino, il **becco a scarpa**, un uccello tarchiato, con la testa grossa e un ciuffo di piume sul capo, che vive nelle paludi, si serve sia per procurarsi il cibo (rane e pesci a cui mozza in un solo colpo la testa, dopo essersi lasciato cadere a peso morto su di loro), che per emettere richiami che ricordano tanti scoppiettii, o battimani… Il becco a scarpa vola, sebbene preferisca di gran lunga incedere sulle sue lunghe gambe, guadare le pozze palustri immerso fino al petto, svolazzare a pelo d'acqua. Solo se spaventato, prende il volo fino a raggiungere un'altezza degna di un uccello…

Pellicano bruno

Il **beccostorto** della Nuova Zelanda è l'unico uccello che ha ***la punta del becco curvata verso destra***, che gli consente di frugare sotto i sassi, nei greti dei fiumi dove nidifica, alla ricerca di piccoli invertebrati; di tanto in tanto, si muove saltellando su una sola zampa.
Il ***becco lungo***, ***largo e piatto*** della **spatola africana** non lascia alcun dubbio riguardo alla sua forma! Nelle acque poco profonde degli stagni, l'uccello fa oscillare

Gruppo di spatole africane

Struzzo mentre cova le uova

il sensibilissimo becco aperto, capace di registrare la più piccola vibrazione, ogni impercettibile movimento, per acchiappare, richiudendosi di scatto, ogni pesce, insetto,
o crostaceo che anche solo sfiori quella micidiale trappola.
Lo **struzzo**, oltre che l'***uccello più grande del mondo***, è anche quello che depone le ***uova di dimensioni maggiori***, il cui volume è 24 volte quello di una gallina. Il guscio ha uno spessore di 1,5 mm, e può sopportare il peso di una persona adulta.
Le ***uova più piccole*** appartengono invece al **colibrì di Vervain** della Giamaica, non più grandi di una decina di millimetri, pesano solo 0,365 g.
Il **pappagallo cenerino** africano eccelle nella capacità di parlare: alcuni esemplari di questa specie hanno dimostrato di poter disporre, infatti, di un vocabolario di 800 parole!
I **polli a coda lunga**, o **yokohama**, giapponesi, si fregiano delle ***penne più lunghe*** del mondo: quelle della coda superano i 10 m.
Come una scia luminosa, la coda dell'**astrapia festonata**, un **uccello del paradiso** della Nuova Guinea, si distende elegantemente durante il volo per un metro circa, ben tre volte la lunghezza dell'animale, la più lunga coda piumata fra tutte le specie di volatili.
Lo **jacana**, un uccello dell'America Centrale e del sud degli Stati Uniti, vive negli stagni ed è noto per le sue zampe straordinariamente esili e lunghe, come sottilissime sono pure le dita e gli artigli, che gli consentono di camminare su sostegni instabili come le foglie galleggianti delle ninfee a caccia di insetti.

Tutti giù per terra!

Se in Australia e Nuova Zelanda la mancanza di "predatori autoctoni", originari cioè del loro

Takahé

habitat, ha finito per inibire, in tante specie di uccelli come lo **struzzo**, l'**emù**, il **casuario**, il **kiwi**, il **kakapo** (un grosso pappagallo solitario), il **takahé** (una sorta di tacchino dal piumaggio iridescente verde e azzurro), la capacità di volare, nel mondo, molti altri uccelli prediligono razzolare nella polvere piuttosto che staccarsi dal suolo per conquistare il cielo.

L'**otarda**, per esempio, sebbene sia l'uccello più pesante capace di volare (lungo più di un metro, pesa mediamente 12 kg), è talmente goffo e lento che, quando fiuta il pericolo, anziché spiccare il volo, corre a più non posso di qua e di là, sperando di farla franca…
Anche il **corridore della strada**, il celebre "*beep beep*" dei cartoni animali, non ama sbattere le ali; tuttavia, quando prende la rincorsa, è velocissimo e derapa, nelle grandi praterie e nelle aree desertiche del nordamerica meglio di un'auto da rally.
Il **tinamo solitario** è un uccello pigro, lungo mezzo metro, che anziché decollare verso l'avventura preferisce zampettare sulla terra, come il **pollo sultano**, o il **cormorano ottero** delle Galápagos, unico del suo genere a non sorvolare il mare. Anche il **serpentario** trascorre gran parte della sua vita sulla terra, dove arriva a percorrere, con i suoi

Emù

Serpentario

lunghi trampoli, anche più di 30 km al giorno, per rincorrere prede come rettili, uccelli, insetti, piccoli mammiferi che… calpesta e schiaccia con le zampe, prima di dilaniarle con il becco a uncino di un'aquila.

Volpe volante

Che carogne!

L'**avvoltoio papa**, o re, è il più bello di tutti nel suo genere: occhi cerchiati di rosso, bargigli e becco arancione, come il collo implume; piume candide sul petto e nella parte alta delle ali, nere nel resto del corpo. A osservarlo da vicino, quest'uccello "spazzino", alto un metro, che si nutre di carogne e di carcasse di animali morti, sembra l'immagine sputata dell'avvoltoio per antonomasia, peccato che, al pari di tutti i catartidi (gli avvoltoi del continente americano), sia, in realtà, un parente delle gru. Vive nella foresta amazzonica, dove, avvistare tra il fitto fogliame la carogna di un animale, è impresa non da poco, non fosse per il suo olfatto finissimo; resti putridi che lacera e spolpa, rapido ed efficiente, con la testa e il collo privi di penne (che altrimenti sarebbe complicato ripulire al fine di evitare infezioni o parassiti), e perfettamente adattati alla funzione.

Avvoltoio papa

Scoiattolo volante

Lucertola volante

Senza paracadute

I mammiferi volanti più grandi del mondo sono le **volpi volanti**, una specie di pipistrelli lunghi 45 cm, pesanti 1,5 kg, che vantano un'apertura alare di 1,7 m.
Il **petauro dello zucchero**, o **scoiattolo volante**, grazie al patagio, un vero e proprio paracadute di pelliccia teso tra gli arti, può lanciarsi dalla cima degli alberi più alti, per poi planare come un aquilone e atterrare su rami distanti anche 400 m.
Per frenare, o cambiare rotta, usa la coda a mo' di timone.
Il **drago volante**, una piccola lucertola asiatica, utilizza la stessa tecnica, apre cioè "ali" di pelle ripiegate tra le zampe e le costole, e spicca voli anche di 8 m. La **rana di Wallace** vive sugli alberi e per sfuggire ai predatori si getta nel vuoto distendendo le dita delle zampe come ventagli, per poi atterrare morbidamente grazie a speciali ammortizzatori di cui sono dotati i suoi arti.
Il **serpente volante** del sud est asiatico, invece, quando si fionda dalla cima di una pianta, apre subito le costole a ventaglio, appiattendo l'addome, per aumentare la superficie del corpo, imitando così il deltaplano…
Il **tayra**, un mustelide simile a una donnola dell'America Centrale e del Sud, è uno spericolato acrobata: in virtù dei suoi affilatissimi artigli, si arrampica agilmente sugli alberi, per poi, in caso di pericolo, saltare da una cima all'altra con grande disinvoltura, ridiscendere a terra in un baleno, correre a perdifiato nella foresta, e, se il caso lo richiede, nuotare per guadare un corso d'acqua.

Scoiattolo volante

Margay

Il **margay**, un felino arboricolo del Sudamerica, si muove nella foresta con l'abilità di una scimmia.
In virtù della singolare facoltà di ruotare le zampe di 180° verso l'interno, il margay si cala rapido, con il capo in avanti come uno scoiattolo, dai tronchi più alti; si lancia in picchiata nel vuoto, si aggrappa al primo saldo appiglio, un ramo robusto, che possa sostenerne il peso; si dondola, sospeso a un ramo con gli arti posteriori, o imita l'incedere dei bradipi, oscillando a testa in giù, le zampe avvinghiate alle fronde. Che funambolo!
I **ragni paracadutisti** producono un lunghissimo filo, come quello delle ragnatele, ci si appendono, e si lasciano trasportare dal vento fino a raggiungere la meta prefissata che, se non si rivela il luogo di delizie che si prefiguravano, abbandonano all'istante, per risalire, come provetti alpinisti, grazie alle sottilissime "corde" delle ragnatele, al punto di partenza.

Caribù

Branco di gnu

Lince canadese

GRANDI VIAGGIATORI
Oggi qui, domani là...

Tra i viaggiatori instancabili, un posto di rilievo spetta agli **gnu**, che l'alternarsi della stagione secca con quella della pioggia costringe a spostarsi ogni anno in cerca di cibo e acqua attraverso le pianure e le savane africane del Serengeti e del Masai Mara: un percorso di centinaia di chilometri, con guadi che riservano molte insidie per via dei cacciatori indigeni, dei grandi predatori e dei coccodrilli che infestano i fiumi. Più che un viaggio, un'avventura alla Indiana Jones...
I **caribù**, le renne nordamericane, non sono da meno, il loro viaggio stagionale dalla tundra ai boschi della taiga canadese è lungo non meno di 3000 km e il branco in marcia sembra l'ombra di una nuvola che corre sul terreno, inseguiti e tormentati per giunta da sciami di insetti che le loro corte code non riescono a scacciare.
Il viaggio dei **lemming**, piccoli roditori dell'Artico, ha origine dalla ciclica esplosione demografica della loro popolazione: ogni 4 anni, quando i membri della colonia aumentano fino a 200 volte il loro numero, partono in cerca di nuovi territori; spesso, la loro migrazione si conclude tragicamente, con la morte di migliaia di individui nelle acque del mare.
Quando la principale risorsa alimentare del loro habitat, la lepre delle nevi, ha cominciato a scarseggiare, le **linci canadesi**, incalzate nel loro territorio anche da un predatore più forte e agguerrito come il coyote, abbandonate le abitudini stanziali, hanno cominciato a viaggiare fino a percorrere periodicamente tratti superiori agli 800 km.

Lemming

Farfalle monarca

Spettacolare il volo delle minuscole **farfalle monarca** che coprono ogni anno una distanza di 4000 km per svernare, dal Nord America alle coste del Messico, con tappe forzate di 70 km al giorno. Gli sciami, composti da decine di milioni di Lepidotteri, marciano all'unisono a 5 m dal suolo e, quando si posano per recuperare le forze, colorano di arancio intere foreste e radure.

Grandi navigatori

Per riprodursi, ogni anno le **balene** lasciano le acque vicine ai Poli, ricche di nutrimento, ma molto fredde, per approdare in quelle più temperate dell'Equatore, nuotando per più di 20.000 km. Grandi esploratori dei mari sono anche le **anguille**, che dal Mar dei Sargassi giungono fino alle coste europee dove, una volta adulte, dopo 10 anni circa, fanno ritorno all'Oceano Atlantico, percorrendo migliaia

Tartaruga marina

Megattera

Anguille

di miglia marine. Tragitto opposto, compiono i **salmoni**, che dai fiumi si disperdono in mare a migliaia di chilometri di distanza dalle rive, per poi tornare, quando è il momento di mettere al mondo i piccoli, sui propri passi, risalendo fino alle sorgenti, ai torrenti in cui sono nati, guidati dall'istinto e dalla traccia olfattiva di quel particolare corso d'acqua. Nel corso del loro viaggio a ritroso, dovranno affrontare molti pericoli: alcuni salmoni cadranno preda di pesci più grossi, degli uccelli marini, o degli orsi; altri rimarranno impigliati nelle reti o negli ami dei pescatori, o non riusciranno a risalire rapide e cascate, o gli sbarramenti artificiali costituiti dalle dighe.
In ogni caso, una volta deposte le uova, i salmoni, sfiniti dalla loro impresa, si lasceranno trascinare a valle dalla corrente, dove, in pochi giorni, moriranno.
Le **tartarughe marine** sono veri "lupi di mare": prendono il largo per allontanarsi di almeno 1.500 km dalle spiagge dove sono nate, nuotando, se necessario, alla media di 40 km al giorno.

Salmoni

Grandi scalatori

Abili arrampicatori sono l'agilissimo **stambecco**, il **camoscio**, i cui balzi possono raggiungere i 6 metri di lunghezza su rocce e pendii scoscesi, e, anche in virtù di zoccoli ampi e muniti di speciali "cuscinetti a ventosa" che consentono la massima aderenza delle zampe su superfici gelate e pareti a picco, la **capra delle nevi**, l'**oreamnos** e il **bighorn** del Nord America, nonché il **baral** dell'Asia, un vero e proprio alpinista. Ciascuno dei piedi del **geco** è ricoperto da almeno mezzo milione di peli microscopici, a loro volta rivestiti da un numero inverosimile di ramificazioni tanto piccole da aderire saldamente alla struttura molecolare della superficie sulla quale si muove, che gli consentono di scalare anche le superfici più lisce e ripide. Le scimmie **gelada** si inerpicano agilmente sulle pareti a strapiombo dei monti Simien, in Etiopia, fino a 4200 m d'altezza, unici primati a vivere a quella quota, dormendo su cornici di roccia e cenge, per sfuggire a sciacalli, iene e leopardi, e cibandosi, al ritmo di 150 fili d'erba al minuto, della vegetazione degli altipiani. Se i maschi, i forti canini bene in mostra, la criniera color del miele al vento, lottano costantemente per la supremazia all'interno dei gruppi familiari, nella gerarchia sociale della colonia dominano incontrastate le femmine (3 o 4 per ogni clan, che conta un solo maschio e i cuccioli), tutt'altro che tenere, tanto nei confronti dei papà che con i piccoli.

Bighorn

Camosci

Capra delle nevi

Stambecco

Grandi nuotatori

Il **sitatunga**, un'antilope delle paludi dell'Africa centrale, oltre ad un bel paio di corna, sfoggia un mantello bruno scuro impermeabile, zoccoli lunghi e sottili, ideali per muoversi negli ambienti acquitrinosi, ed è un eccellente nuotatore, al punto che per sfuggire ai predatori, cerca rifugio in acqua, dove rimane immerso per ore, lasciando affiorare solo le narici.

Opossum acquatico

Il **macaco giapponese**, o **dalla faccia rossa**, è soprannominato "*scimmia delle nevi*" perché è il primate che, con l'uomo, meglio ha saputo adattarsi agli habitat freddi. Ottimo nuotatore, trascorre le sue giornate immerso nelle sorgenti d'acqua calda dell'isola giapponese di Honsu, prima di far ritorno agli alberi nelle gole della "*Valle dell'inferno*", dove dorme su rami spogli per scongiurare il pericolo d'essere sorpreso e risvegliato bruscamente dalla caduta di masse di neve.

Se un uccello che non vola, come il **casuario**, si rivela un provetto nuotatore, il minuscolo **toporagno d'acqua americano**, lungo 7 cm senza la coda, non è certo da meno. Attivo

I PIÙ LONGEVI
Matusalemme

Se è vero che le **tartarughe** sono tra gli animali più longevi, la **testuggine elefantina** supera tranquillamente i 150 anni di vita. Il **tuatara**, un rettile la cui specie risale a 220 milioni di anni fa, resistendo a tutte le grandi estinzioni di massa, può superare i 100 anni. Un'età solo sfiorata dai **coccodrilli**.

La **mercenaria**, una sorta di **tellina gigante** dei mari tropicali,

batte però tutti sulla distanza: sopravvive, anche alla noia, per non meno di 200 anni! Un record alla portata sia dello ***Strongylocentrotus franciscanus***,

soprattutto di notte, quando fa incetta di girini, piccoli pesci e molluschi, si affida alle vibrisse per identificare le sue vittime, e, cosa davvero sorprendente, si serve dell'olfatto anche sott'acqua: emette bolle d'aria dal naso per inalarle subito dopo, rilevando, in tal modo, la presenza di segnali e tracce chimiche che possano svelare una potenziale preda. L'**opossum acquatico**, oltre ad essere l'unico marsupiale che ha la tana lungo le rive dei fiumi, è anche un eccellente nuotatore; cattura facilmente i pesci, grazie alle zampe posteriori palmate come pinne, a una coda di cui si serve come timone e al pelo impermeabile. La tasca del marsupio ha un'apertura particolare, che consente al piccolo di stare all'asciutto anche mentre la mamma sguazza.

Macaco giapponese

Casuario

Coccodrillo

un riccio di mare di una ventina di centimetri di diametro che vive lungo le coste del Canada (se le stelle marine lo risparmiano), che dello **scorfano** del Mare del Nord, il quale ha però più probabilità di finire in padella ancora giovane, che di morire di vecchiaia…

Tuatara

Scorfano rosso

Aragosta

Carpa

Il più grande mollusco vivente, la **tridacna gigante**, le cui valve possono misurare fino a 135 cm di larghezza e pesare anche tre quintali e mezzo, arriva facilmente al secolo di vita. Come le **aragoste** e il **pesce luna**. Si conoscono poi **anguille** ottuagenarie, che ancora si dimenano con un'energia da giovani avannotti. Se certi **storioni** e alcune **carpe** vivono fino a 180 anni, i **pesci rossi**, invece, muoiono tutti prima della quarantina, anche in un bell'acquario e se non si fa loro mancar niente...

I **pappagalli**, contrariamente a quanto si pensi, difficilmente festeggiano il trentesimo compleanno, benché ci siano dei **cacatua** capaci di sopravvivere per più di ottant'anni; come i **condor**, che però sono sempre più soli e sempre di meno a organizzare un bel party…

I **cavalli** lasciano questo mondo tra i 40 e i cinquant'anni, i **cani** attorno ai 15-16, i **gatti** tra i 16 e i 18 consapevoli quest'ultimi, forse, della loro veneranda età, poiché sembra siano in grado di percepire il trascorrere del tempo…

Una medusa che vive aggrappata alle rocce sottomarine, la ***Turritopsis nutricula***, è un organismo quasi immortale. Si tratta dell'unica creatura in grado di invertire il suo ciclo vitale, oscillando, perpetuamente, tra lo stadio adulto e quello larvale.

Buon "non compleanno"

Se le **farfalle Ephemeroptera** rimangono 2-3 anni allo stadio di ninfa, o pupa, sul fondo di stagni, laghi e ruscelli, per poi da adulte vivere appena un'ora, il tempo di un batter d'ali, le **effimere**, una via di mezzo tra una libellula e una forbicina con spettacolari ali azzurre, non mangiano perché… non hanno la bocca! Del resto, anche loro vivono solo poche ore, due o tre, durante le quali sono impegnate esclusivamente a riprodursi per garantire la sopravvivenza della specie. Come le **lucciole**, che vivono d'amore, e di un po' di linfa spiluccata dalle piante, per 3 o 4 brevi settimane.
I **moscerini della frutta** non se la passano tanto meglio: svolazzano qua e là per uno o due mesi, mentre le **iberidi** strappano alla loro triste sorte solo qualche settimana in più di vita.
Alcuni **topolini** possono vivere fino a tre anni e le **ghiandaie blu** anche quattro; le **stelle marine** e le **lumache** circa cinque anni, mentre i **porcellini d'India** arrivano a sei primavere.

Condor delle Ande

Cavalli

Tridacna gigante

Moscerino della frutta

Cacatua bianco

Topo selvatico

Alce maschio

Cudù

Che bel paio di corna!

Se l'**alce** inalbera sul capo le corna più ampie e massicce, a forma di pala, del peso di 20 kg, tanto da lasciare con un palmo di naso le **renne**, che pure ne sfoggiano di imponenti, il **cervo nobile** vanta il palco di corna più lungo e più grande, oltre 2 m, elegante e ricco di ramificazioni.

Anche le corna del **bufalo d'acqua** indiano e dell'**urial** dell'Asia non scherzano niente col loro metro di lunghezza. Quelle del **bighorn**, o pecora delle montagne rocciose del Nord America, sono così ricurve da descrivere quasi un cerchio perfetto attorno al capo dell'animale e possono pesare una quindicina di chili. Le corna dell'**argali** dell'Asia centrale, la più grande tra le specie di pecore selvatiche del mondo, lunghe oltre 1,5 m, crescono a spirale fino a compiere due giri completi, per poi aprirsi verso l'esterno, mentre quelle dell'**antilope cervicapra** della regione indiana, che rassomiglia a un daino, lunghe mezzo metro, appaiono curve e ritorte, a forma di vite, con sporgenze circolari alla radice.

Spettacolari le corna dello **stambecco nubiano**, due cerchi perfetti del diametro di mezzo metro, e quelle del **markor** dell'Asia (i cui maschi ostentano una sorta di criniera sul dorso e una folta barba e lunghi ciuffi di pelo sul collo, sul petto, e sulle cosce), elicoidali e lunghe fino a 160 cm.

Infine, il **cudù maggiore** una delle antilopi più alte, riconoscibile dalla tipica frangia di pelo sotto la gola, quando corre nelle foreste dell'Africa orientale e meridionale tiene le lunghe corna, ornate di pieghe e giravolte, premute

Bighorn

Antilocapra

Bufalo

contro la schiena, affinché non si impiglino negli alberi. Quelle dell'**antilocapra** americana sono davvero originali: cave e impiantate come un fodero su uno spuntone osseo del cranio.

Il corno sulla punta del naso del **rinoceronte** è costituito da un ciuffo di peli saldamente incollati tra loro.

Rinoceronte nero

Vipera dal corno

La **ceraste cornuta**, una vipera del deserto sahariano, è provvista di due cornetti diabolici sopra gli occhi (per preservarli dalle proibitive condizioni dell'ambiente), che affiorano guardinghi dalla sabbia durante gli agguati che tende alle sue prede. Anche la **vipera dal corno** dell'Europa orientale presenta un cornetto squamoso in cima al muso, che però ha solo una funzione decorativa.

Di natura estetica, sono anche le due frange cutanee sopra gli occhi della **ceratofrine ornata**, un grasso rospo maculato, dal corpo ricoperto di verruche, che vive nelle paludi del Sud America. L'**allodola golagialla** o **cornuta** ha il capo ornato da singolari penne nere che, quando si sollevano fanno pensare a delicate, morbide cornine. Quelle della **chiocciola**, che si ritraggono non appena fiuta una minaccia, più che appendici, sono un vero e proprio organo di senso: ospitano, infatti, gli occhi dell'animale.

Chiocciola

Ispidi, pungenti, corazzati e fulminanti!

Tra gli animali più pungenti, si annoverano: l'**ursone**, un roditore poliglotta che può uggiolare, grugnire, squittire e miagolare, il cui corpo è ricoperto di aghi lunghi fino a 8 cm, il **coendou dalla coda prensile**, che nelle foreste del Sud America si arrampica sugli alberi con l'aiuto di forti unghioni ricurvi e di una coda da rocciatore e dalla cui spessa pelliccia spuntano corti, durissimi aculei, e l'**istrice del capo**. Gli aculei dell'istrice, o porcospino, però, sono in realtà dei peli erettili, rigidi, lunghi tra i 20 e i 35 cm, cavi in prossimità della coda (l'animale li utilizza come dei sonagli, un avvertimento sonoro ai suoi nemici affinché desistano dai loro scopi), che si staccano facilmente, rimanendo spesso conficcati nella pelle dell'aggressore.
Il **chetomio setoloso** non è un porcospino, né un topo con gli aculei, ma un meraviglioso animale della foresta sudamericana, con un rosso naso turgido e carnoso, da cui spuntano migliaia di fitti aghi lunghi pochi centimetri.

Il **pangolino**, il mammifero con più ossa nella coda, ben 47 (privo però di denti, ma con una lunga lingua di 25 cm, letale per termiti e formiche), e l'**armadillo**, sono entrambi rivestiti da una sorta di corazza costituita da dure placche ossee: quando si sentono minacciati, si "appallottolano" su se stessi, sfuggendo così ai predatori. Anche il guscio d'osso della **tartaruga** è simile a un'armatura, nella quale, in caso di pericolo, ritira testa, zampe e coda.

Istrice del Sud Africa

Armadillo

L'**iguana dei tubercoli**, o verde, che si aggira furtiva nei Caraibi e nelle foreste sudamericane, lunga fino a 2 m, è armata di una cresta spinosa che le corre lungo tutta la spina dorsale e la gola e che si rivela del tutto inoffensiva: l'iguana dei tubercoli vive, infatti, gran parte del tempo sugli alberi e rifugge dalla lotta e dai predatori.

Diavolo spinoso

Uromastice

Nonostante l'aspetto minaccioso da "microdinosauro" (il corpo è interamente ricoperto di spine), il **diavolo spinoso**, un piccolo rettile color della sabbia del deserto australiano, lungo 20 cm, che pesa dai 35 ai 100 g, è innocuo, tranne che per gli insetti, di cui fa strage, ingerendone fino a 2500 al giorno e che caccia da fermo... Per dissetarsi, si serve della... pelle, solcata da minuscoli canalini, che convogliano le gocce d'acqua della rugiada fino alla bocca.

Pesce istrice

Nella sua tana, l'**uromastice acantinuro** o "dalla coda a pettine" delle rocce sahariane, si gonfia, come la rana della favola fino a occuparne tutto lo spazio, e utilizza la sua coda spinosa per bloccare l'accesso agli ospiti indesiderati.

La **testuggine indiana stellata** vanta un bellissimo carapace ovoidale a forma di cupola, alto circa 30 cm e impreziosito da un disegno stellato che ha la funzione di mimetizzarla quando si aggira tra le pianure erbose della penisola indiana e il Sole rovente proietta suggestivi effetti di luce ed ombra tra gli steli.

Il **pesce istrice** della barriera corallina è privo di pinne ventrali e ha un becco al posto della bocca. Quando si avvicina un predatore, beve come un cammello e tende la sua pelle elastica fino al punto da gonfiarsi come un palloncino, tanto da rizzare le decine di spine cornee che ne ricoprono il corpo, rovinando così l'appetito ai suoi rivali. Più che una punta è una lancia quella che orna la testa del **pesce spada**, un lungo rostro di più di un metro, di cui si serve per colpire e trafiggere le prede.

Pesce spada

Pesce balestra pagliaccio

Il capo del **pesce balestra pagliaccio** è ricoperto da un fitto strato di scaglie che lo proteggono dai predatori, mentre la bocca è provvista di robusti denti aguzzi, in grado di scalfire persino le conchiglie dei molluschi e il guscio dei crostacei.

Se l'esoscheletro dei **ricci di mare**, *echinodermi* dalla caratteristica forma simmetrica, radiale, è ricoperto di aculei che impiegano per compiere piccoli spostamenti, il **limulo**, o **granchio reale**, diffuso lungo la costa del nordamerica, è un *artropode* supercorazzato di 60 cm, con il carapace da tartaruga color grigio verdastro che vira al marrone scuro, la testa a forma di ferro di cavallo, le chele di un granchio, l'addome dalle aguzze

Riccio

spine laterali e una lunga coda rigida da scorpione di cui si avvale per rigirarsi prontamente in caso di ribaltamento sul dorso.

Caravella portoghese

La **fisalia**, o **caravella portoghese**, che all'aspetto può ricordare una medusa o un polipo, appartiene alla classe degli idrozoi, è in realtà una colonia galleggiante a forma di vescicola allungata da cui pendono filamenti molto urticanti in grado di stordire e catturare prede lunghe anche 10 cm.

Seppia

Le **seppie**, come le **piovre**, quando sono minacciate da un predatore, schizzano un liquido simile all'inchiostro che tinge l'acqua di nero, una sorta di cortina fumogena, che "acceca" il nemico e consente all'animale di mettersi in salvo.

Le "farfalle del mare", i **nudibranchi** dai colori sgargianti, più di 3000 specie di molluschi marini privi del caratteristico guscio, lunghi al massimo una decina di centimetri, oltre che leggiadri, sono velenosi e... ispidi! O meglio, il loro apparato digerente ricava tanto il veleno, che le spine, dai corpi delle loro vittime. Così, le sostanze urticanti di una medusa finita nello stomaco dei nudibranchi, migrano in alcune tossiche escrescenze sul loro dorso, al pari dei piccoli aculei metabolizzati dopo una scorpacciata di spugne... Deterrenti formidabili, per tenere alla larga i predatori, già messi in guardia dall'aspetto appariscente e chiassoso di queste creature marine.

Nudibranco

Nudibranco

Glossodoris luteorosea

Aluatta rossa

Che code!

L'agilissima **scimmia ragno** della foresta pluviale, saltatrice eccezionale, vanta lunghe braccia e zampe, e una coda prensile di ben 60-80 cm, spelacchiata in punta e zigrinata, a mo' di polpastrello, per rendere più salda la presa durante le sue acrobazie silvestri. Anche l'**aluatta rossa** e l'**atele nero**, suoi parenti prossimi, utilizzano la lunga coda prensile per arrampicarsi lesti sugli alberi, o cogliere i frutti migliori, come fosse una quinta zampa.

Il **cercoletto giallo**, un procione dotato di una coda prensile lunga quanto il resto del corpo, un metro circa, rivestita uniformemente di pelo, che si assottiglia all'estremità, e il **binturong** o **gatto orsino**, dalla coda pelosa di 80 cm circa, sono gli unici carnivori a possedere un'appendice con cui avvinghiarsi e abbarbicarsi ai rami.

Il **fanaloca**, o **civetta malgascia**, ha una particolarità: per far

Scimmia ragno

Cercoletto giallo

fronte ai periodi di carestia, accumula riserve di grasso nella coda, che può arrivare a pesare un quarto del suo peso corporeo. Anche la codina rosa priva di peli e a forma di clava del **gerbillo dalla coda grassa** è, a suo modo, una dispensa, provvista di scorte di cibo e acqua.

Il **camaleonte** infine, oltre che per il colore cangiante della pelle e l'estesa lingua protrattile, con, all'estremità, una ventosa, si distingue per la sua lunga coda prensile, della quale si serve, insieme alle zampe dalle dita opponibili, con unghie robuste e cuscinetti plantari, per salire svelto su alberi e arbusti, per aggrapparsi ai rami, per dondolarsi su uno stelo, leggiadro come una libellula.

Le diverse specie di **gerboa**, procedono a saltelloni, facendo leva sulle agili, lunghe zampe posteriori, e utilizzano la loro smisurata coda come bilanciere.

I maschi del **pigliamosche nero del paradiso**, un uccello africano di 16-18 cm, hanno una coda lunga tre volte il corpo e due diverse livree che indossano indifferentemente: una bruno rossiccia, l'altra bianca e nera.

Camaleonte pantera

Se la **lontra**, quando nuota, usa la coda come un remo, il **castoro**, per avvertire i compagni del pericolo, come segnale di allarme la sbatte rumorosamente sulla superficie dell'acqua. Lo **scoiattolo terricolo del capo** dell'Africa meridionale, sdraiato al Sole, più che per la tintarella, per scaldare le ossa, dopo il freddo patito all'alba, quando, nel corso della giornata, il caldo si fa insopportabile, solleva la coda sopra la testa a mo' di ombrellone…

Castoro

Lontre marine

Stella di mare

Serpente citello

TALPONI E AQUILE
Che occhi grandi che hai!

Se nessuno degli *echinodermi*, il "tipo" di animali che comprende **ricci di mare** e **stelle marine** è munito di occhi, alcune salamandre, come il **proteo**, o un millepiedi battezzato ***Serradium semiaquaticum***, vivono nell'oscurità più completa, in grotte e corsi d'acqua sotterranei; nascono dotati di occhi che però lentamente si atrofizzano.
Anche gli **apodi**, tra gli anfibi meno conosciuti, simili a vermi di colore grigio, blu o rosa, sono quasi completamente ciechi.
I **serpenti** invece, oltre che orbi sono pure mezzi sordi…

Se i **rapaci** hanno una vista acutissima, l'**avvoltoio** è in grado di mettere a fuoco e ingrandire fino a due volte e mezzo quello che osserva.
Anche gli **insetti** sono a modo loro delle linci, il **bombo** è addirittura superdotato, coglie e mette a fuoco all'istante, a tinte sgargianti e ad alta risoluzione, ogni più piccolo particolare, mentre i **pesci** distinguono i colori anche nell'acqua più profonda.
Grazie ai raffinati recettori di colori della sua retina, la **cicala di mare** ha una vista stupefacente, che le permette di cogliere le gamme cromatiche generate dai raggi infrarossi e dagli ultravioletti.
I **felini** (e in primo luogo le proverbiali **linci**), hanno un'ottima visione stereoscopica, che permette loro un'esatta valutazione delle distanze, dello spazio

Avvoltoio d'Egitto

Cicala di mare

Bombo terrestre

fisico che intercorre tra essi e un ostacolo, una preda o un cacciatore, benché siano affetti da una sorta di daltonismo. Se gli occhi del **camaleonte** rappresentano un caso unico nel mondo animale, ognuno di loro può, infatti, ruotare e mettere a fuoco indipendentemente dall'altro, così che, senza muoversi, egli osserva l'ambiente circostante a 360°, il **granchio fantasma**, grazie agli occhi sui peduncoli, avvista i predatori anche quando sgambetta tra la spuma marina. Il **pesce dai quattro occhi** dell'America Centrale e Meridionale ha gli occhi divisi in due parti: quella superiore per guardare sopra il pelo dell'acqua, quella inferiore per tenere d'occhio il fondale, così da individuare ogni potenziale preda che nuoti o si muova sulla superficie, o che riemerga dalle profondità. Gli occhi di pesci piatti come il **rombo**, la **sogliola** ecc, migrano pian piano fino a ritrovarsi non più sui due lati della testa, ma all'insù, su una parte sola del capo…

Tarsio

Non esiste invece animale vivente con ***occhi più grandi*** di quelli del **calamaro gigante** che raggiungono i 40 cm di diametro e di cui si serve per dare la caccia alle creature che popolano le profondità degli abissi marini. Il **tarsio**, uno dei primati più piccoli del mondo, lungo non più di 15 cm, possiede ***grandi occhi sporgenti*** spalancati sul mondo del diametro di 1,6 cm! È come se quelli di un uomo avessero le dimensioni di una mela… A prima vista un incrocio tra una civetta, un pipistrello e una rana, il **tarsio** può ruotare il capo quasi di 360° (per non farsi cogliere

Lemure dal ventre rosso

Lemure variegato

alle spalle dai predatori), ha una coda di 25 cm, lunga il doppio di lui, pesa all'incirca un etto e, pur disponendo di denti affilatissimi e del cattivo vizio di mordere, è l'unica scimmia che si nutre quasi esclusivamente di insetti, cavallette, grilli, scorpioni, al massimo di qualche pipistrello, o di un piccolo serpente velenoso. Avvinghiato ai tronchi degli alberi, questo curioso *gremlins* si sposta tra le fronde spiccando salti acrobatici anche di 3 m, grazie alle zampe posteriori lunghe due volte quelle anteriori, alle dita prensili e a ossa speciali, dette tarsali, con movenze e balzi simili a quelli di una ranocchia.

I ***grandi occhi*** di tutte le specie di **lemuri** si avvalgono del ***tapetum lucidum***, un accorgimento dell'organo della vista per convogliare e riflettere la luce verso la retina, allo scopo di aumentare la loro capacità visiva (a colori, sebbene un po' offuscata), in condizioni di scarsa luminosità.

Gufo comune

Occhialuti

Il **gufo** è spesso descritto come un animale saggio, forse perché, all'apparenza, sembra quieto e imperturbabile: un grande capo intento a osservare il mondo e a meditare; o magari per via del tenue alone di piume che gli circonda gli occhi, disegnandogli sul viso un bel paio di occhiali…
L'**orso con gli occhiali** vive in montagna, sugli alberi, dove costruisce una piattaforma di rami che elegge a suo giaciglio,

Per orientarsi però, i lemuri si affidano principalmente all'udito e all'olfatto.

Elefante

NASONI
E che naso grande!

Se, dopo la proboscide dell'**elefante**, il nasone della **nasica**, una scimmia del Borneo con un'enorme appendice rossastra sul volto (quando l'animale si arrabbia, si gonfia come un palloncino), non teme rivali, il **tapiro del Sud America**, al posto dell'organo dell'olfatto, mette in mostra un'invidiabile proboscide in miniatura, con la quale strappa, da alberi e arbusti, foglie, germogli, bacche e frutti. Si tratta di un naso molto sensibile, tanto da fiutare anche gli odori più tenui, che siano aromi floreali, o predatori…
Anche l'**oritteropo**, con la **talpa** uno dei più abili mammiferi "scavatori", che con il denso strato di peli del suo naso filtra la polvere mentre perfora la terra, il **rincocione** dell'Africa, un mammifero insettivoro simile a un topo, dal muso e naso molto allungati, e il **bandicoot** dell'Oceania, un marsupiale assai simile a lui nell'aspetto, quanto a fiuto non sono niente male.
Il **nasua rosso**, o **coati rosso** del Sud America, col suo lungo, flessibile naso esplora addirittura cavità e crepe del terreno, alla ricerca di insetti, ragni, larve, rettili, uova e piccoli roditori.

e deve anch'esso il nome agli "anelli" di pelo chiaro sul muso e intorno agli occhi.

Orso dagli occhiali

Dromedari

Nasica

L'attitudine a chiudere ermeticamente le narici del suo "nasone" (nonché di calare le sottili palpebre dalle lunghe ciglia per proteggere l'incolumità degli occhi), consentono al **dromedario** di fronteggiare con successo le tempeste di sabbia del deserto.

Il **selenodonte** di Haiti, un mammifero in via di estinzione, oltre a un lungo naso di cui va fiero, ha un morso velenoso letale per le sue prede: insetti, lombrichi e lumache.

Il **pesce elefante**, diffuso nei fiumi dell'Africa centrale, ha la bocca che si prolunga in una sorta di proboscide, di cui si serve per orientarsi, comunicare, cercare il cibo nei fondali e difendersi dai predatori. Come il **pesce pipistrello** a muso corto, che sguazza sul fondo marino, infilando ripetutamente, con salti da ranocchio, nella sabbia, il nasone munito di sensori, per papparsi molluschi e altre prelibatezze.

Capace di passare inspiegabilmente dal colore grigio a quello rosa acceso, il **boto**, un delfino che vive nel Rio delle Amazzoni, oltre a un naso smisuratamente lungo, ricoperto di setole, mette in mostra un'apprezzabile dentatura, di cui si serve solo per difendere i piccoli.

Coati dal naso bianco

Dentoni

Oltre a un paio di prominenti dentoni, due enormi incisivi, le zanne d'avorio (molto più sviluppate nei maschi rispetto alle femmine), pesanti una ventina di chilogrammi ciascuna, l'**elefante** è dotato di quattro enormi molari con cui tritura, ogni giorno, 1,5 q di vegetali.

Le zanne del **tricheco**, mammiferi *pinnipedi* dell'Artico, la cui mole, 1,7 t, è inferiore solo a quella degli elefanti marini (canini di un metro di lunghezza, per oltre 5 kg di peso), sono armi micidiali, capaci di mettere in fuga anche un predatore audace come l'orso polare a caccia dei suoi cuccioli. Oltre che per un appetito insaziabile, che li porta a divorare quotidianamente migliaia di molluschi bivalve, i trichechi sono noti anche per i "baffi", le 400-700 vibrisse che spuntano dal loro labbro superiore, un fitto tappeto di setole, lunghe 30 cm, e per la pelle callosa, rugosa, spessa fino a 10 cm intorno al collo e alle spalle, segnata dalle profonde ferite inferte dai rivali nei cruenti combattimenti che i maschi ingaggiano tra loro.

Le zanne del **facocero**, veri e propri denti, due canini superiori che si aggiungono a 4 molari superstiti nell'animale adulto, possono raggiungere la bellezza di 50 cm, sono, perciò, troppo lunghi (e per di più incurvati verso l'esterno della bocca e ripiegati verso l'alto), per essere racchiusi nelle fauci. Uno dei più sgraziati tra i *suidi*, dal corpo tozzo, dall'enorme testa appiattita, su cui spuntano grandi verruche, coperto sul collo e sul dorso da un manto di rade setole bruno scure, il facocero se ne serve per difendersi

Tricheco

Elefante

frontalmente dall'attacco dei nemici.
L'**eterocefalo glabro** non avrebbe nulla in contrario a comparire nella lista degli animali più brutti. Non è un topo, anche se è un roditore, non è una talpa, sebbene sia cieco, vanta denti da tricheco, mentre la vita di gruppo è basata su un'organizzazione sociale simile a quella delle formiche; insomma, rappresenta un caso unico in natura: è il solo mammifero che si comporta come un insetto…

Facocero

Vive in Africa, nelle regioni desertiche del Kenya, dell'Etiopia e della Tanzania. Lungo meno di 10 cm, trascorre la vita sottoterra, senza mai sbucare alla luce del sole. Cieco, sprovvisto di pelo, vanta due ragguardevoli incisivi, che usa come pale per scavare tunnel lunghi anche diversi km, alla ricerca di radici, tuberi e vermi. Le popolose colonie di eterocefali glabri, formate anche da più di 500 individui, sono strutturate in caste.
Al vertice della piramide sociale siede la femmina dominante, la regina, l'unica a detenere il privilegio di partorire (fino a 30 piccoli per volta), che si assicura impedendo, attraverso furiosi combattimenti e l'eliminazione fisica delle rivali più agguerrite, alle altre compagne di accoppiarsi. Tra i sudditi, agli esemplari più robusti sarà consentito accedere alla carriera militare: come tanti

Timidoni

Se l'animale più timido per antonomasia è il **panda gigante**, anche il **riccio** è un animale schivo e tranquillo, che ama stare rintanato nel suo rifugio a coccolare i cuccioli. L'**okapi** poi, non si fa vedere troppo in giro, preferendo starsene al riparo nella foresta, mentre il **dugongo**, che, come il **lamantino**, è parente dell'elefante, è, a sua volta, una creatura timida e solitaria, che trascorre buona parte della sua vita sul

Dugongo

Lamantino

Narvalo

soldati forniranno prova di notevole arditezza e ferocia nella difesa dell'insediamento da parte di eventuali invasori. A quelli meno forti, non resterà che sgobbare per procurare il cibo alla colonia, per conservare in buono stato le gallerie sotterranee, o per sollevare e trasportare ogni genere di masserizie.

Il **capitone bidentato abissino**, un uccello africano detto anche **barbuto**, per via dei ciuffi di piume che gli ornano il mento, presenta, sul becco massiccio con cui scava il nido nei tronchi, due appendici appuntite simili a dentini, di cui non è chiara la funzione, visto che se ne sta appollaiato quasi tutto il tempo tra gli alberi, a pappare fiori, frutta, fichi e banane, e spicca il volo solo per cacciare le termiti volanti.

Il ***dentino*** d'osso lungo fino a 3 m del **narvalo**, un mammifero che nuota nelle gelide acque polari, sembra la lancia di un antico cavaliere, mentre il **numbat**, un piccolo marsupiale australiano, lungo una quarantina di cm, è il mammifero terrestre con il maggior numero di denti, 52, e una lingua di ben 12 cm, con cui fa razzia di termiti.

Nella bocca della **balena della Groenlandia** brillano i fanoni (lamine di cheratina che servono a filtrare l'acqua trattenendo le sostanze nutritive), più grandi del mondo, lunghi all'incirca 4,6 m.

Panda

fondo del mare, cibandosi di alghe e piante marine.

Il **cobra reale**, il serpente velenoso più lungo del mondo, può raggiungere i 5 m, benché sia in grado di sollevarsi fino a fissare un uomo negli occhi, ne sfugge poi lo sguardo e raramente morde la sua vittima, perché ha un'indole timida e riservata!

Riccio

Fennec

ORECCHIONI
Wow che orecchie!

Se l'**elefante** non ha rivali al mondo (le sue orecchie, grandi come lenzuola, sventolano come bandiere al vento per scacciare gli insetti e i parassiti che lo tormentano, o per sembrare ancora più grosso quando carica), l'**orecchione**, un pipistrello che vive in Europa e in Asia, tradisce già nel nome la sua prerogativa: due enormi orecchie radar, con cui localizza le prede in mezzo al fogliame più fitto.
Le lunghe orecchie appuntite del **fennec**, una piccola volpe del deserto, 15 cm, più di un terzo della sua lunghezza, esclusa la coda, oltre a dotarlo di un udito finissimo (avverte la presenza di un coleottero a metri di distanza), servono a disperdere il calore accumulato dal corpo.
Il **gerboa dalle grandi orecchie**, un roditore dei deserti dell'Asia, mette in mostra due sventole addirittura più grandi della testa, mentre quelle del **bilby**, un marsupiale australiano a rischio di estinzione, svolgono la funzione di un "termoregolatore".
Un robusto felino di media grandezza, il **caracal**, alto circa mezzo metro e pesante, in media, 15 kg, diffuso in Africa e in Asia, oltre a una lunga coda a strascico, a una testa piccola e a una macchia scura che gli circonda il muso, presenta due smisurate orecchie appuntite che terminano con ciuffi di peli neri di 8 cm.
Le orecchie delle **lepri**, lunghe e mobilissime, registrano ogni più piccolo segnale di pericolo, quelle dell'americana **lepre di Allen**, si drizzano addirittura per un quarto dell'intero corpo...
Se quelle dell'**asino** sono le più calunniate, le più straordinarie sono senz'altro le orecchie (in realtà più delle grandi antenne), della **cinzia dell'ailanto**, una farfalla che oltre ai rumori, sente... gli odori, in particolare il profumo delle femmine della specie.

Lepre

Coraggiosi e… commedianti

Impavida, pur di procurare il cibo ai suoi piccoli, la vespa non esita ad attaccare e catturare un ragno molto più grosso di lei, la **tarantola**, che stordisce e paralizza conficcandole a più riprese il pungiglione nel corpo peloso. Anche la **mangusta** non indietreggia di fronte ai serpenti più infidi e velenosi, e, dopo aver schivato a più riprese i loro morsi letali, quando questi, dopo una strenua lotta, danno segni di stanchezza, balza loro alle spalle, mirando alla testa, che agguanta e stritola con i suoi denti aguzzi. L'intrepida ***Mellivora capensi*** delle foreste dell'Africa e dell'India si difende strenuamente, con le unghie e con i denti, dall'attacco di ogni specie d'animale, contando sulla sua cute, dura, coriacea, insensibile ai pungiglioni delle api, agli aculei dei porcospini e ai morsi dei serpenti. Se è attaccata alle spalle, rotola e si raggomitola all'interno della propria pelle, mordendo il nemico finché non molla la presa.

Il **Paracanthurus hepatus** è il più socievole e pacifico dei **pesci chirurgo,** di alcune specie dei quali soffre, però, a tal punto, la vicinanza e l'aggressività, da litigare e lottare con loro fino alla morte pur di difendere il suo territorio. Oltre a dormire su un fianco, quando è sopraffatto da un avversario più forte, si finge morto, al punto da modificare persino il colore blu intenso della sua livrea.

Tarantola

Mangusta nana

Vespa

Paracanthurus hepatus

Germano reale

Quand'è minacciato, il **serpente muso di porcello** dell'America del Nord, soffia e sibila per mettere in fuga l'avversario, ma se questi non desiste, si rovescia sul dorso immobile, con la lingua di fuori, fingendo di essere morto. Stessa commedia recita la rana arboricola del Perù ***Phyllomedusa vaillanti***, che si contorce e cade stecchita di fronte a una minaccia, sperando di farla franca. Se non riesce a sfuggire al pericolo, come linci rosse, aquile, visoni, l'**opossum della Virginia**, il più grande marsupiale americano, crolla a terra per far credere di essere morto: immobile, ripiegato su un fianco, bocca aperta, lingua a penzoloni, occhi chiusi, o fissi nel vuoto, il corpo afflosciato come quello di una bambola di pezza, trattiene il respiro, poi… emette un fluido puzzolente, tanto per rendere ancora più credibile la messinscena. "Resuscita" solo

Serpente muso di porcello

Opossum della Virginia

quando il predatore molla la presa…
Anche mamma **piviere** ricorre a un trucco ingegnoso per proteggere i suoi piccoli.
Se un gatto affamato o un altro predatore si avvicina al suo nido di pietruzze nel terreno, finge di avere un'ala spezzata e si allontana dal covo, dibattendo le ali e gracchiando, come fosse davvero ferita. Fa un tale baccano, che il nemico non può che darle la caccia, pregustando una facile preda, mentre mamma piviere continua a svolazzare trascinando penosamente l'ala malmessa.
Dopo un po', quando il gatto, ormai lontano dal nido si accinge a balzarle addosso, imprevedibilmente prende il volo per tornare al più presto dalla prole.
Un "fintone" di prima categoria si rivela il **germano reale**, che simula, a sua volta, d'essere ferito, per attirare l'attenzione del predatore, al solo scopo di guadagnare tempo e consentire agli anatroccoli di fuggire il più lontano possibile.
Il maschio dello **spinarello**, un piccolo pesce dedito alla costruzione del nido e alla custodia delle uova deposte dalla femmina, quando scorge dei malintenzionati aggirarsi nei paraggi, si allontana e comincia a scavare col muso il fondale, ingannando così i predatori distolti dal loro obiettivo primario, il suo nido, mentre adesso accorrono a frotte dove lui, con l'inganno, li ha condotti.

Sapientoni

La simpatia dello **scimpanzé** dell'Africa Occidentale e Centrale è ineguagliabile: docile, sensibile, amorevole (ma in certi casi crudele e spietato), dotato di un'irresistibile mimica facciale, è, geneticamente,

Scimpanzé

Scimpanzé

l'animale più simile all'uomo, ed è opinione diffusa che sia anche il più intelligente. Oltre a fabbricare utensili, di cui si avvale per stanare insetti e termiti, a intagliare lance per cacciare, a scagliare pietre per fronteggiare i predatori, a raccogliere piante medicinali a scopo curativo, si è rivelato abilissimo nel memorizzare intere sequenze di numeri su uno schermo, di disporli secondo un ordine prestabilito (il tutto in meno di mezzo secondo, un battito di ciglia), e nel riconoscere i colori.

Per rompere il guscio della noce di cocco di una palma nana, il **cebo dai cornetti**, una scimmia sudamericana, si serve di sassi di quarzite (piccoli macigni pesanti fino a un terzo del suo peso, che arriva al massimo a 5 kg), una pietra dura e relativamente rara, e di un'incudine naturale rappresentata da blocchi piatti di arenaria.

Delfino

Il **delfino** è uno dei mammiferi più intelligenti e curiosi del mondo; se addestrato, impara facilmente a eseguire salti a comando; ricorre però, nel corso delle sue spericolate esibizioni e acrobazie, tanto in mare, che negli *acquapark*, alla fantasia, all'immaginazione, che gli consentono di disegnare nell'aria dei numeri speciali, delle

Secondo molti studiosi, il cervello di grosse dimensioni della **scimmia ragno** le attribuirebbe un quoziente intellettivo superiore persino a quello dei gorilla, mentre i **bonobo** si mostrerebbero dotati di personalità originale, riflessivi, in grado di pianificare gli impegni richiesti dalla vita quotidiana e di dialogare e conversare con gli uomini mediante uno speciale, complesso codice linguistico.

Scimmia ragno

figure impreviste e strabilianti. Inoltre corre in soccorso di un compagno ferito o malato, quando questi non è più in grado di nuotare da solo.

Sagace, dotato della facoltà di elaborare concetti astratti, come collaborazione, solidarietà, aiuto reciproco (consola e sorregge ogni membro del gruppo che stia male o si attardi, corre in soccorso dei piccoli), come pure di ricambiare

Elefante con il piccolo

il saluto e di provare emozioni, l'**elefante**, oltre ad una grande intelligenza emotiva, possiede una memoria prodigiosa. Durante la stagione arida, la matriarca (più è anziana, più conosce il territorio), guida il branco alle pozze d'acqua, alle radure d'erba tenera, distanti spesso centinaia di chilometri tra loro, dove gli animali possono nutrirsi e dissetarsi e di cui ricorda l'esatta ubicazione, benché ci sia stata magari una sola volta nel corso della sua vita, molto tempo prima. In segno di riconoscenza, quando questa muore, il branco non manca mai di visitare, periodicamente, le sue ossa, come se si trattasse di una tomba a cielo aperto, di un luogo sacro dove renderle omaggio.

Il **polpo comune**, tra gli invertebrati, ha fama di grande sapiente, dispone, infatti, di moltissimi neuroni (solo i mammiferi e gli uccelli ne hanno di più), 2/3 dei quali si trovano nei tentacoli. Dotato di creatività e senso artistico, può distinguere gli oggetti in base alle loro forme e dimensioni, ha un grande senso dell'orientamento e apprende, in base all'esperienza, o per imitazione, una serie di nozioni pratiche dai suoi simili; è ingegnoso e si rivela

Polpo

Gruppo di elefanti

in grado di risolvere problemi logici complessi: impara presto ad aprire barattoli e, altrettanto presto, a evadere dagli acquari alla prima occasione…

I **pappagalli**, sanno distinguere i colori, contare fino a sei e parlare con poche frasi fatte; quelli **cenerini africani** identificano gli oggetti, i materiali di cui sono fatti, il loro colore, distinguono i numeri dalle lettere dell'alfabeto, che pronunciano perfettamente, e, in certi casi, comunicano avvalendosi proprio del linguaggio umano.

Il **corvo**, tra gli uccelli, si distingue per la sua perspicacia: si serve di veri e propri arnesi (uncini e palette), che ricava da rametti e foglie, per estrarre le larve dagli alberi, o sondare il terreno per stanare gli insetti che brulicano sotto lo spesso strato di aghi, funghi e foglie del sottobosco. La paura influenza il loro comportamento: memorizzano a lungo le esperienze negative, in virtù di un'eccezionale facoltà mnemonica, imparando così a sottrarsi ai pericoli da soli e collettivamente. Socializzano infatti i timori e le ansie e li trasmettono all'intera comunità come un patrimonio condiviso di conoscenze.

Coppia di corvi

Pappagallo cenerino

La **ghiandaia** è, a sua volta, un corvide molto accorto: immagazzina le sue provviste in centinaia di nascondigli segreti disseminati su un ampio territorio, poi consuma per prime le più deperibili. La ghiandaia, oltre ad identificarsi con i comportamenti dei suoi simili, è capace di prevedere gli eventi e di cautelarsi contro il rischio di ritrovarsi derubata delle sue preziose scorte. Se, per esempio, scorge un "ladro" in agguato, appollaiato su un ramo, finge di non averlo visto, poi continua imperterrita nelle sue faccende: occultare la

Ghiandaie

Volpe

ghianda che ha nel becco mentre medita l'inganno. Il rivale ci casca sempre e… si ritrova senza niente in mano, mentre la furbastra, dopo averlo imbrogliato, osserva compiaciuta il suo disappunto e spicca il volo col suo prezioso tesoro ancora in bocca.

Anche l'**allocco** è piuttosto scaltro. Un predatore astuto e silenzioso, sebbene una vecchia leggenda lo descriva come un animale stupido e sprovveduto, e questo solo perché se la luce del giorno lo sorprende fuori dalla tana, inebetito e immobile sgrana gli occhietti, si paralizza, incapace di qualunque mossa, o reazione.

Molto astuta, intelligente e arguta, la **volpe** possiede anche una vista, un odorato e un udito finissimi, e sa quando attraversare un torrente gelato senza pericolo che il ghiaccio ceda sotto il suo peso, pescare con la folta coda piccoli pesci, imitare, sempre con la coda, il collo e le silhouette delle otarde,

Allocco degli Urali

Otarie dalla criniera

catturare infine i corvi fingendosi morta, gonfiandosi persino come una carcassa.
Le **otarie**, stando a recenti esperimenti, si rivelano vigili e sollecite sia nel riconoscere le 26 lettere dell'alfabeto, che i numeri da 1 a 10, e nello stabilire, mentalmente, associazioni logiche tra loro e tra diverse categorie di oggetti. Otarie e **leoni marini** sono dotati, inoltre, di una memoria prodigiosa.
Infine, un cane prodigio, *Tillman*, un **bulldog** di 5 anni, già entrato nel *Guinness dei primati*: coltiva l'hobby dello *skateboard*, sul quale ha imparato ad andare da solo come un adolescente…

Pulcino

La pessima reputazione di **polli** e **galline** è solo un pregiudizio. In realtà, i pulcini sono allievi precocissimi, tanto da apprendere le prime, essenziali nozioni utili alla loro sopravvivenza, direttamente dalla voce della mamma, quando si trovano ancora dentro l'uovo. Una volta nati **memorizzano** immediatamente le caratteristiche fisiche dell'ambiente che li circonda (sanno d'istinto come orientarsi nello spazio e dove procurarsi il cibo), riconoscono e identificano ciascuno degli altri pulcini della nidiata, i loro tratti somatici, che poi non scorderanno più, e riconosceranno senza esitazioni, da adulti se dovessero rincontrarli.

Anche gli **asini** sono stati a lungo calunniati; la loro presunta testardaggine ha alimentato la favola dell'animale riottoso, disubbidiente, capriccioso, quando, invece, nel suo caso, è più opportuno parlare di prudenza e **autodeterminazione**, di decisioni che, di fronte a un imprevisto, o a una prova da superare, maturano dentro di lui sulla base dell'istinto e dell'esperienza.

Banco di pesci

L'***intelligenza adattativa*** degli animali, funzionale alla ***sopravvivenza delle specie***, incoraggia comportamenti cooperativi particolarmente efficaci, come nel caso dei giganteschi **banchi di pesci** oceanici al cospetto di squali, foche e pesci vela, o dei "voli a festone" degli **stormi di storni** nei cieli di molte città, quando su di loro incombe la minaccia di gabbiani e falchi.

Questi ***superorganismi***, si muovono, in modo sincronizzato e coordinato, come un unico corpo collettivo, una massa impenetrabile di soggetti, capace di moltiplicare in modo esponenziale la forza dei singoli e la velocità di trasmissione degli stimoli sensoriali che pervadono il gruppo. Si tratta di valide strategie per irretire i predatori, che fanno leva principalmente sull'***empatia***, un sentimento d'identificazione con gli altri individui del branco, della famiglia, del clan, che consente a ogni animale di comprendere istintivamente quello che essi provano. Un **babbuino**, per esempio, sa distinguere le voci e le emozioni di ogni altro membro del suo branco; comprende d'istinto se i furiosi, minacciosi vocalizzi emessi da

Babbuini

Banco di pesci

un cercopiteco della sua cerchia, appartengono a un esemplare con cui è in conflitto, e rappresentano dunque una minaccia, oppure se provengono da un babbuino con cui è in buoni rapporti, e allora può assistere tranquillo alla scena che si svolge sotto i suoi occhi.
Le **zebre**, quando pascolano o galoppano nella savana, si dispongono l'una accanto all'altra, in modo da sembrare un'unica sagoma a strisce, uno stratagemma che disorienta i predatori, non più in grado di isolare e puntare il singolo animale. Nere a strisce bianche, e non viceversa, con 26 o 70 bande verticali per lato, a seconda della specie, le zebre sono animali prudenti, capaci di adottare raffinati comportamenti strategici per ridurre le probabilità di incontrare leoni, o altri grandi felini della savana.

Zebre

Opossum

Dormiglioni

L'**opossum** australiano è il più dormiglione fra tutti gli animali (alcuni esemplari hanno ronfato anche per 367 giorni, superando l'anno filato di sonno), mentre il **citello**, un piccolo scoiattolo della foresta europea, 1,5 kg di peso per oltre 30 cm di lunghezza, cade in letargo per nove mesi di seguito, eguagliando il primato dei **ghiri**, i quali dormono così profondamente, avvolti nella coda pelosa come in una coperta, che, talvolta, non si svegliano neppure se cadono dal nido, o se un predatore si è intrufolato nella tana per papparseli.
La **marmotta** trascorre i mesi invernali al calduccio, nella sua tana sotterranea, dormendo quasi ininterrottamente per sei mesi, consumando le scorte di grasso accumulate in estate sotto la pelliccia.
L'**orso bruno** passa l'autunno a rimpinzarsi e ad accumulare una buona scorta di grasso,

Cavalli

Balenottera

in previsione del lungo periodo di letargo, nel corso del quale, però, ha il sonno agitato, per via di un buco nello stomaco che di tanto in tanto si fa sentire... e lo costringe a svegliarsi per fare uno spuntino.
Il **lori gracile**, una minuscola proscimmia dello Sri Lanka, se di notte si sposta lentissimamente, di ramo in ramo, alla ricerca di qualcosa da mettere sotto i denti, all'alba chiude finalmente le palpebre assonnate e si appende a testa in giù (come la **volpe volante**, che si artiglia alla sua presa al punto che è impossibile staccarla dall'appiglio), godendosi, per una ventina di ore, il meritato riposo.
Il **pitone** riposa, acciambellato su se stesso, 19 ore al giorno.
Tra i tanti modi originali di dormire, spicca quello del **dromedario**, che, per via della gobba, non può coricarsi, né a pancia in su, né su un fianco, ma è costretto ad accucciarsi nella sabbia, a raccogliere le zampe sotto il corpo e ad allungare il collo fino a poggiare il muso su un comodo giaciglio. Anche la **giraffa** per schiacciare un pisolino (ronfa per non più di 2 ore al giorno), adotta la posizione del cammello, con però il lungo collo arcuato e il naso poggiato a terra, per evitare che il peso del capo le procuri il torcicollo.
Il **cavallo** dorme in piedi, sempre all'erta. Sdraiato, concederebbe, infatti, un vantaggio troppo grande al predatore che lo sorprendesse a sognare, così, più che dormire, rilassa a turno

Dromedario

due zampe per volta. Il **delfino** infine, siccome deve uscire, di tanto in tanto, dall'acqua per respirare, dorme con mezzo cervello alla volta (e chiude un solo occhio), per riposare e rimanere vigile nello stesso tempo. I **trichechi** riempiono d'aria le loro sacche golari, così galleggiano, con la testa fuori dall'acqua, mentre si appisolano tra le onde con il corpo placidamente sommerso. Dormono sonni tranquilli i **pesci**, con gli occhi spalancati (sono sprovvisti di palpebre), in uno stato che assomiglia più a una "quiescenza", una condizione di quiete apparente, che a una vera dormita.

Barbagianni

Molesti e rumorosi

Tra gli animali più molesti, le **scimmie urlatrici** o **aluatte** dell'America Centrale, emettono, in caso di allarme, minaccia del territorio, aggressioni dei nemici, lotta, riunioni e incontri conviviali, suoni striduli e assordanti, tanto acuti, che i loro richiami si possono udire fino a 4 km di distanza.

Il **siamango**, un grosso gibbone che vive in Asia, in forza di una speciale membrana nella gola, lancia urli da film horror. Anche le **balenottere** amano schiamazzare: i loro messaggi agli infrasuoni raggiungono i 180 decibel, un aereo al decollo a malapena supera i 120… Le **megattere** sono celebri per i loro misteriosi, magici canti, che si propagano per ore

Aluatta rossa

Balenottera minore

e ore attraverso gli oceani: una sequenza di gemiti, strida, mugolii e altri indecifrabili suoni, con cui comunicano tra loro o cercano di attrarre un partner per l'accoppiamento.

Discreto e silenzioso

Le piume del **barbagianni**, morbide e sfrangiate, non emettono alcun fruscio, per non allertare le sue prede.

Simpaticoni

Grosso come un orso, con un gran testone e un mantello di pelo bianco e nero, il **panda** delle foreste di bambù cinesi è un campione di simpatia, nonostante l'aria malinconica e gli occhi cerchiati di nero. Non è da meno il **panda rosso**, cui quello maggiore ha rubato la scena. D'indole docile, trascorre gran parte del giorno accovacciato su un ramo, poiché, a ogni altra leccornia, preferisce i germogli e le tenere foglie di bambù, una dieta che non gli permette di sprecare molte energie e gli fornisce poche calorie rispetto al reale fabbisogno. Per questo motivo è flemmatico e freddoloso e usa la folta coda fulva come una coperta per proteggersi dal gelo delle foreste del Nepal e delle montagne del sud ovest della Cina; inoltre, se la dentatura, la coda e la forma del cranio ricordano quelle di un procione,

Panda

Panda rosso

Siamango

il suo codice genetico lo associa alla famiglia degli orsi, mentre le somiglianze con il panda maggiore si limitano agli stessi gusti a tavola. Il fatto che quando si arrabbia inarca la schiena e soffia come un gatto, mentre, quando chiama a raccolta i piccoli, squittisce come un topo, lo rendono un tipo davvero originale.

Pelosi, baffuti e capelloni

Il **thar**, una pecora di montagna di oltre un quintale e mezzo di peso, lungo 1,4 m, che vive tra i monti dell'Himalaia, è senz'altro un gran "capellone": il collo e le spalle sono ricoperti da un folto, lunghissimo manto rosso che gli arriva alle ginocchia. L'**highlander**, una mucca mammut scozzese, è ricoperta da due strati di pelo spesso: quello esterno, più lungo e resistente, la protegge soprattutto dalla pioggia (non vive infatti in una stalla, ma all'aperto, e partorisce i vitellini persino in mezzo alla neve), l'altro, più morbido, mantiene caldo il corpo. Il caratteristico ciuffo sulla fronte, oltre a difendere gli occhi dagli scrosci gelati, tiene al largo gli insetti. Anche il **bue muschiato**, che gli *Inuit* chiamano "*il barbuto*", sotto la fitta pelliccia nasconde un soffice manto lanoso di cui si libera in estate.

Il **tamarino**, una piccola scimmia della foresta amazzonica, esibisce fiero i suoi vistosissimi baffi bianchi da vecchio saggio, che si arricciano e allungano fino a raggiungere il petto, uno speciale segno di riconoscimento per tutto il branco.

Il **cercocebo degli altipiani**, una scimmia della Tanzania alta circa un metro, per 10-15 kg di peso, ha il volto ornato da folti basettoni di pelo grigio bruno ed emette un richiamo che ricorda tanto un latrato, quanto un colpo di clacson… Sulla sommità del

Bue muschiato

Leontocebo rosalia

capo del **cinopiteco**, una specie di macaco dal mantello nero dell'isola di Sulawesi, spunta un ciuffo ribelle di peli tipo cresta o *toupet*.

L'elemento caratteristico del **leontocebo dalla testa dorata** della foresta amazzonica, è rappresentato dalla folta criniera fulva, simile a quella del leone, che gli circonda il capo come la capigliatura di un artista dell'Ottocento.

Zanne taglienti, una lunga coda, il **potamocero**, il maiale degli arbusti africano, è fornito di un mantello marrone rossastro, sul cui dorso spicca una criniera bianca, mentre attorno agli occhi, sulle guance e le orecchie a forma di foglia, spuntano ispidi, lunghissimi ciuffi di pelo color crema, che assolvono a una funzione difensiva: quando si rizzano, fanno apparire l'animale più grosso e minaccioso di quanto non sia in realtà. Diffidente e aggressivo, buon corridore e nuotatore, onnivoro, mangia qualunque cosa gli capiti a tiro: insetti, funghi, radici, piante acquatiche, frutta, semi, uova di uccelli, rettili, carogne e, ancora, quando è affamato, capretti, agnellini, maialini domestici.

I baffoni del **lamantino**, un placido mammifero che vive nelle baie, negli estuari dei fiumi e lungo le coste, sono formati da ben 2000 rigide setole che spuntano dal muso dell'animale chiamato anche, per la sua mole, ***bue del mare***. Sono un vero e proprio organo di senso: antenne sensibilissime che lo aiutano, al pari della coda a forma di pagaia, a navigare, a tenere la rotta, a percepire ogni minima variazione delle correnti e a trovare nei fondali, su cui a volte "cammina"

Lamantino

grazie alle pinne, le piante acquatiche di cui si nutre.
La più appariscente tra le **sterne**, l'**inca**, dal piumaggio grigio ardesia, vanta una coppia di piume bianche, chiazzate di giallo, simili a baffi, ai lati del becco rosso arancio, di oltre 5 cm.
Il **seriema**, un grazioso uccello sudamericano dalle lunghe zampe, il cui nido è costituito da un sapiente incastro di bastoncini, ha l'attaccatura del becco appuntito, con cui infilza a più riprese rane, serpenti e lucertole, ingentilita da un ciuffetto di piume, che si scompigliano quando, anziché volare, pratica che non gradisce, scorrazza velocemente nella pampa argentina.
Il **komondor**, un cane pastore fedele e tenero, originario delle steppe asiatiche, che ha in Ungheria la sua patria di elezione, vanta un folto pelo bianco cordato, un vello da ovino, che ricorda i *dreadlock*, le caratteristiche treccine aggrovigliate nelle capigliature dei *rasta*.
Dalla pelliccia lunga e morbida del **coniglio d'angora**, che ricopre anche guance, orecchie e fronte dell'animale e che lo fanno assomigliare a una balla di cotone, si ricava una preziosa fibra tessile.

Seriema crestato

Puzzolenti e… profumati

Meglio stare alla larga dalle **puzzole** (ma anche da **moffette**, **skunk**, o **zorille**, spesso erroneamente indicate come sottospecie), dalle puzzolentissime secrezioni delle loro ghiandole anali, o sottocaudali, il cui scopo principale è quello di marcare il territorio, più che quello di un'"arma" di dissuasione.
Mammifero carnivoro della famiglia dei

Komondor

Moffetta

tana con un fluido pestilenziale che odora di aglio. Tra gli uccelli, non profumano certo di lavanda né il **pitohui**, né l'***Ifrita kowaldi***, ma dei veri puzzoni si rivelano: l'**hoatzin**, che odora di letame a causa dei batteri del suo intestino, deputati alla predigestione del cibo, l'**oropendola**, per via di una ghiandola che secerne una sostanza protettiva, una

mustelidi, tra gli animali più maleodoranti del pianeta, la puzzola misura fino a 60 cm di lunghezza, per 1,5 kg di peso; il corpo affusolato, dal pelo bruno scuro, poggia su corte, tozze zampette, che non le impediscono di correre velocemente, con ampie falcate, nei tanti ambienti dove vive, mentre la testa massiccia e le potenti mandibole si rivelano trappole mortali per le sue prede: topi, conigli, uccelli, uova, rane e lucertole.

Anche il **lemure dalla coda ad anelli**, per mettere in fuga i nemici, sparge tutt'attorno, con la coda, una sostanza fetida, mentre la **volpe di Rüppel** ricorre alle ghiandole odorifere per marcare il territorio, allontanare i predatori e proteggere il luogo dove la femmina partorisce.

Il **ratto lunare** dell'Indonesia, un animale solitario che mal sopporta i suoi simili, marca la sua

Hoatzin

Fulmati artici

sorta di balsamo, per le piume, la **procellaria gigante** che, al pari del **fulmaro**, se avverte un pericolo, vomita dallo stomaco un olio nauseabondo, che scoraggia qualunque predatore, e infine il

Lemure dalla coda ad anelli

Mestolone

mestolone, un'anatra che non esita a cospargere di feci le sue uova purché non finiscano in pasto a malintenzionati, mentre l'**upupa** la cacca la riserva per il nido, dall'odore rivoltante, e per bombardare gli intrusi.

Il carapace è quello di una testuggine, la velocità di crociera pure, le zampe palmate ricordano un'oca, il collo, un serpente strisciante, e, certi espedienti… la puzzola: questo è il ritratto della

Upupa

tartaruga dal lungo collo, la *Chelodina longicollis*, dell'Australia, lunga 15 cm, che, quando è spaventata espelle dall'apparato digerente, rigurgita insomma, un liquido lattiginoso e maleodorante che dissuade gli aggressori dal procedere oltre...

Koala

Al contrario, il **cervo muschiato**, per attrarre le femmine, dissemina sul suo territorio tanti chicchi, granelli odorosi, secreti da una speciale ghiandola, che profumano di bosco e di muschio, mentre il pelo del **koala** è impregnato di olio di eucalipto, delle cui foglie è ghiottissimo. Sparge così, attorno a sé, un aroma di sciroppo balsamico e liquore alle erbe.

Lo **zibetto**, un carnivoro della famiglia dei *viverridi* che sembra un incrocio tra un gatto, un procione e una mangusta, grazie a speciali ghiandole situate in corrispondenza dell'orifizio anale, secerne una **sostanza oleosa e profumata** utilizzata sia come richiamo sessuale dall'animale, sia per la fabbricazione di essenze. Lo zibetto, già ricercato per la sua pelliccia, fa pure il caffè: accanito divoratore delle bacche della pianta, dopo aver ingurgitato e assimilato a sazietà la polpa carnosa che avvolge i chicchi, espelle questi ultimi attraverso le deiezioni. Una volta raccolti e tostati, questi chicchi forniranno la materia prima del miglior caffè del mondo, il **kopi luwak**, prodotto in Indonesia e Malesia. Il segreto di tanto successo? Lo zibetto, per le sue scorpacciate, sceglie con grande cura solo le bacche più mature, digerendo così i frutti di un caffè selezionatissimo.

SOCI IN AFFARI
Simbiosi

Il **tasso del miele**, per scovare gli alveari e il miele di cui è ghiotto, ricorre all'aiuto di un uccellino, l'**indicatore golanera**, che, con cinguettii e svolazzi, lo conduce ai nidi delle api, che il tasso "scardina" con una zampata, dopodiché entrambi si avventano su quella dolce prelibatezza.
Il **pesce pagliaccio** vive in simbiosi con l'**anemone di mare**, o **attinia**, tra i suoi tentacoli urticanti, dove trova rifugio sicuro dai predatori e pasteggia altresì con gli avanzi del suo ospite, cui procura nuovo cibo, attirando altri pesci nella trappola. Anche il **gambero delle anemoni maculato**, un crostaceo di 2,5 cm, vive in simbiosi con l'**anemone di mare**, nutrendosi del muco secreto dai suoi tentacoli e al riparo dai predatori, mentre le escrezioni ricche di azoto del gambero, nelle acque tropicali povere di azoto, si rivelano essenziali alla salute delle **zooxantelle**, alghe unicellulari annidate nei tessuti dell'anemone.
Il **pesce della caravella portoghese** vive anch'esso pericolosamente tra i filamenti ustionanti della **fisalia**, ricavandone solo protezione e

Anemone di mare

benefici. La supermedusa, da parte sua, non sembra notarne la presenza, benché il pesce della caravella portoghese si dia un gran daffare a rimuovere dal corpo della sua ospite, o per meglio dire, dalle celle letali, parassiti e altri detriti… Il **labro pulitore**, un pesce tropicale che vive tra i coralli, dall'inconfondibile colorazione azzurra, con bande nere laterali, non ha predatori, poiché neppure gli animali marini al vertice della catena alimentare possono fare a meno del suo aiuto.

Pesce pagliaccio

Questi giungono in "stazioni di servizio" dove piccoli gruppi di labri capeggiati da un maschio dominante iniziano a ripulire la pelle e la bocca del pesce da parassiti, muco, resti di cibo e scaglie morte, guadagnandosi così un pasto facile, mentre pesci farfalla, anguille, razze, murene, cernie e persino squali prevengono, in tal modo, infezioni, malattie e altri fastidi. Mentre rimedia un buon pasto, la **bufaga**, un uccello africano, ripulisce la pelle del bufalo da zecche e altri parassiti che si annidano sul suo corpo.

Madrepore e zooxantelle

Parassiti

Un **parassita** è un animale che vive a spese di un altro animale e si nutre del suo sangue. Per esempio, un **pidocchio**, una **pulce** o una **zecca** che si avvinghiano al pelo di un cane.
Ma anche i parassiti hanno i loro ospiti sgraditi: le pulci possono essere tormentate da… **pulci più piccole**, ma altrettanto moleste, e i pidocchi sono rosicchiati senza sosta da un **acaro** che passeggia noncurante su di loro.

Il **cebo capuccino**, per difendersi da zanzare e parassiti, cattura un millepiedi che secerne una sostanza repellente e puzzolentissima e se lo strofina su tutto il pelo.

Pidocchio del capo al microscopio

Pulce del cane al microscopio

Il **passero** adotta invece un insolito stratagemma: si infila a forza in un formicaio, dove le formiche fanno a gara a morderlo e pizzicarlo a più non posso, senza ch'egli ne ricavi alcun danno, anzi! L'acido formico di cui lo cospargono, ne protegge il piumaggio dai parassiti. Il **corvo**, a tal fine, piazza direttamente sotto l'ala una bella formica… Altri uccelli, per proteggere il nido, si servono di insetti fetidi e pestilenziali, opportunamente schiacciati e spalmati, a mo' di calce, sulle pareti del covo. La **remora** è un pesce parassita che non esita ad attaccarsi con le sue ventose, porzioni di tessuto epidermico, piatto e ovoidale di cui è provvista sulla fronte e sul

Cebo cappuccino

dorso, ad animali più grandi, come squali, tartarughe e pesci luna, andando a spasso per gli oceani fin quando la fame non si fa sentire e viene anche per lei il tempo di cacciare piccole prede.

Gorilla di montagna

Alcuni animali praticano la geofagia, si alimentano cioè di terra. Per conservarsi in salute, **gorilla**, **scimpanzé**, **giraffe**, **orsi**, **rinoceronti** e **altre specie**, leccano il suolo alla ricerca dei sali minerali di cui è povera la loro alimentazione, mentre i topi gozzovigliano sulle terre ricche di caolino, un silicato che previene la dissenteria e il **colobo rosso** sgranocchia il carbone. I **lemuri indri** del Madagascar, famosi per i loro "canti mattutini", lunghi richiami eseguiti in sequenza, mangiano la terra per assumere calcio, sodio e potassio, antiacidi naturali, che contrastano gli effetti di una dieta basata quasi esclusivamente su foglie ricche di tannino.
Molte specie praticano l'automedicazione: le **beccacce** ferite si ingessano le zampe rotte, o ferite con l'argilla; gli **uccelli migratori** stremati dal lungo viaggio recuperano le forze grazie al nettare zuccherino prodotto da una pianta, la ferula; primati e scimpanzé conoscono, infine, molte proprietà curative delle piante della foresta, cui ricorrono per combattere la malaria o le infezioni intestinali.

Rinoceronte bianco

Pesce farfalla dal rostro

IN MASCHERA! Elegantoni ed esibizionisti

Il **pavone maschio** si mostra alle femmine, assai più sbiadite, in tutto il suo splendore: fa la ruota, sfoggiando le 200 penne iridescenti della coda, ostenta spavaldo il suo meraviglioso piumaggio, sebbene, salvo nel periodo degli amori, sia un uccello timido e schivo. Contrariamente a quanto si credeva, non è un pigmento naturale a tingere le piume del pavone, ma microscopici cristalli "fotonici", che, disponendosi tra loro secondo un certo ordine e riflettendo la luce, originano la brillantezza della sua livrea.
Elegante, nel suo "frac" naturale, il **pinguino imperatore** non ha nulla da invidiare, quanto a sciccheria, al distintissimo **tasso**, "rivestito" da una raffinata pelliccia grigia, bianca sulla testa (con due strisce nere ai lati del muso, che sormontano gli occhi e giungono alle orecchie), che ricorda la marsina di un direttore d'orchestra.
Il **mandrillo maschio**, una scimmia della foresta pluviale, sembra reduce da una festa in maschera. Se il manto, bruno verdastro, appare piuttosto ordinario, il volto, al contrario, è un caleidoscopio di colori: il naso s'infiamma di un bel rosso cinabro, sulle guance trionfa il blu fiordaliso, una mascherina di pelo nero gli incornicia gli occhi, mentre una barba giallo limone

Mandrillo

orna il mento di un animale temerario, che non esita a battersi con leoni o ghepardi, quando si tratta di difendere femmine e piccoli del branco.

Il **pesce mandarino** delle barriere coralline del Pacifico è, forse, il pesce d'acqua salata più "ricercato" del mondo: la livrea è splendida, un vero arcobaleno di colori (verde, giallo, azzurro, arancione vivo, con sfumature di rosso), mentre tutto il corpo è decorato da linee, punti, frecce di un blu intenso, quasi l'opera di un pittore sottomarino.

Il **pesce angelo grigio** che scivola lento e silenzioso tra i coralli sbocconcellando spugne e polipi (vanta, infatti, l'invidiabile proprietà di digerire le spugne di mare), è, invece, il non plus ultra dell'eleganza subacquea, sobria e raffinata insieme.

Al **pesce ananas** dell'Australia non basta rassomigliare, per la sua forma tozza e arrotondata e il colore delle grandi squame che ne ricoprono il corpo, all'omonimo frutto! È chiamato anche ***pesce cavaliere,*** o ***pesce cotta di maglie***, perché, in effetti, proprio per via delle sue solide, ruvide scaglie, sembra rivestito da un'armatura medievale; inoltre, a "guardare" bene, anche il nome di pesce fanale, che a volte gli attribuiscono, sembra appropriato: due cavità nella mascella inferiore, ospitano, infatti, colonie di batteri simbiotici bioluminescenti, verdi o rossi, secondo l'età del pesce, e ricordano i fanali di una nave.

Il **pesce re**, noto anche come **mariposa**, ha un aspetto… decorativo, col suo grosso corpo compresso, alto e ovale, la livrea grigio blu che sfuma nel verde, con macchie e iridescenze argentee e violacee

Pesce mandarino

Ara dalle ali verdi

teschio umano, benché questa figura non spaventi proprio nessuno dei suoi ipotetici predatori.

Tute mimetiche

Il **pesce farfalla** dal rostro, dal lungo muso "a pinzetta", a strisce verticali gialle, orlate di nero, su fondo argenteo, di notte assume una colorazione a macchie per mimetizzarsi con il fondale.
Il **dragone foglia**, un pesce delle

Pesce farfalla dal rostro

acque australiane che ricorda un po' il cavalluccio marino, deve il suo nome alle lunghe protrusioni sul corpo, a forma appunto di foglia, che non usa per muoversi, ma per camuffarsi. Per spostarsi ricorre a due piccole pinne, pettorale e dorsale, così trasparenti da essere quasi invisibili, e che ondeggiano piano, tanto da suscitare l'impressione di un'alga che fluttui nella corrente.
Lo squalo tappeto maculato, vive lungo le coste del Giappone, dell'Australia e della Cina meridionale, il dorso è bruno

nelle parti superiori, rosa sul ventre, vermiglia sulle pinne dai bordi gialli, mentre le squame sono piccole e sottili, per lo spauracchio di naselli e calamari.
L'**ibis scarlatto** del Sud America, uno degli uccelli dal piumaggio più appariscente, non eguaglia, tuttavia, la bellezza e varietà di colori di quello dell'**anatra mandarina**, specie del maschio in abito nuziale, né tantomeno dell'**ara macao**.
Sul dorso delle ali della farfalla amazzonica **morpho blu**, una fitta rete di minuscole scaglie trasparenti, riflettono la luce e le donano un ingannevole colore azzurro sgargiante, mentre il ventre è marrone scuro. Sulla schiena della falena **sfinge testa di morto**, un insetto pacifico, tutt'altro che esibizionista, preoccupato solo di sfuggire ai pipistrelli, campeggia invece un

Pesce pietra

Arlecchino dei Sargassi

marrone, chiazzato di macchie rotonde più chiare, color crema, come il ventre, per mimetizzarsi col fondale. Sfoggia inoltre dei "baffi" che pretenderebbero di spacciarsi per coralli…
Tozzo, con pinne, testa e bocca molto grandi, aculei velenosissimi sul dorso, il **pesce pietra**, uno degli animali più mostruosi in circolazione, è interamente ricoperto di escrescenze rosse, rosa, brune, bluastre (sono invece ramificate quelle del **pesce rospo fasciato**), che gli conferiscono l'aspetto di una roccia sottomarina incrostata di alghe e coralli. Rannicchiato in un anfratto, o nascosto sotto la sabbia del fondale, sfrutta il suo perfetto mimetismo per predare ogni pesce o crostaceo che giunga alla portata della sua bocca caverna.

Specie dotata di eccezionali doti mimetiche, il **pesce rana**, dalla criptica livrea e dalle dimensioni di un pallone da rugby, è un predatore fornito, come altri abili "pescatori", di *illicum* (una sorta di antenna frontale sottile e trasparente), alla cui estremità un frammento di tessuto carnoso pende, come un'esca, per adescare le vittime, che risucchia nella grande bocca. Goffo, quasi inetto nel nuoto, si aggira e sosta a lungo su posatoi di spugne, muovendosi, o per meglio dire camminando, di tanto in tanto, sulle grandi pinne pettorali dall'aspetto di zampe palmate.

Quel tarchiato istrione dell'**arlecchino dei Sargassi**, un pesce dalla pelle gialla con marmorizzazioni brune, completamente priva di scaglie, solcata da pieghe e protuberanze, è un campione di mimetismo, tanto da confondersi

Pesce rana

Pesce lucerna

perfettamente con l'ambiente circostante.
La macabra maschera dell'**uranoscopo**, detto anche **pesce lucerna**, o **pesce prete**, lungo 30 cm, dal grosso capo piatto e corazzato e gli occhi rivolti verso l'alto, emerge dai fondali sabbiosi del Mediterraneo, di cui sembra far parte, come un teschio pronto ad ingollare pesci, policheti e crostacei.
Il **granchio gigante del Giappone** si camuffa raccattando e appiccicandosi addosso, alghe, spugne, e frammenti di conchiglie.
Il **polpo mimo** dell'Indonesia dispone addirittura i tentacoli in modo da assumere la forma del serpente di mare e di pesci piatti come mante o sogliole…
Imitato da un **opistogantide**, il **pesce mascella**, dalla livrea striata simile alla sua, che, per lasciare la sua tana senza correre rischi, si camuffa da… polpo mimo, fino al punto da riprodurne le movenze.
Benché non sia un provetto nuotatore, il **pesce palla** sfugge ai predatori, grazie ai due efficacissimi sistemi di difesa di cui è dotato: in caso di attacco, infatti, è capace di ingoiare moltissima acqua, tanto da gonfiarsi come una mongolfiera, impedendo così alle avide bocche dei nemici di farne un sol boccone… Inoltre, le sue carni sono velenose, per via della tetradotossina, una sostanza tossica e letale.
Prima di darsi precipitosamente alla fuga, il **pesce torcia** acceca i suoi nemici, sparandogli in faccia un *flash*… Sotto gli occhi ha, infatti, delle sacche ricolme di batteri bioluminescenti rivestite da membrane mobili, che, quando si ritraggono, emettono all'improvviso una forte luce, lasciando di sasso i predatori.
Quand'è minacciata, una medusa, l'***Atolla vanhoeffeni***, si accende come un'insegna luminosa, mentre la ***Periphylla periphylla***, secerne una sostanza scintillante che si appiccica all'aggressore, che finisce sotto gli occhi di tutti… La liquida trasparenza del **pesce chirurgo** allo stato post larvale lo rende, invece, invisibile a chiunque… mentre il **pesce cristallo** della Malesia e dell'Indonesia mette in mostra gli organi interni come una radiografia ai raggi x.

Pesce lucerna

Pesce palla

Larva di sfingide

Bruco di geometra della betulla

Insetto foglia secca

L'**insetto foglia** è un vero campione di mimetismo, le sue ali riproducono perfettamente le venature di una foglia, e in autunno… cambia colore, per assumere quello rosso e giallo bruno della vegetazione. Anche il **bruco geometra**, all'occasione, immobile, il corpo eretto, assume le sembianze di un rametto, mentre il **bruco Perola** e la **rana nasuta** del Sudest asiatico (i cui girini hanno una curiosa bocca a imbuto) fingono d'essere una foglia, addirittura mossa dalla risacca, nel caso del **pesce vespa**. Il **geco foglia** del Madagascar si mimetizza perfettamente con la corteccia degli alberi, grazie alla sua pelle marrone a macchie grigie, al punto che la sua coda appare come una protuberanza del legno.
In alcune specie di Sfingidi, un'estremità del corpo più larga, piatta e provvista di macchie simili a due occhi minacciosi, confondono i predatori, che scambiano il bruco per la testa di un serpente. La rana brasiliana ***Physalaemus nattereri***, gonfiando la parte posteriore del corpo, dove fanno capolino due grandi, torvi occhiacci spalancati sul mondo, cerca di beffare i suoi nemici. Finti occhi da predatori luccicano anche sulle pinne pettorali dei **pesci leone quattrocchi** e dei **gobidi**, un trucco per confondere e terrorizzare i malintenzionati.
Il **rospo cornuto** può gonfiarsi fino… a spruzzare sangue e un composto caustico dagli occhi!

Proverbiale la proprietà del **camaleonte** di cambiare colore (solo, però, nelle sfumature che vanno dal verde al marrone rossiccio), non tanto per mimetizzarsi, quanto per

Calamaro

Camaleonte indiano

manifestare il suo stato d'animo, le sue emozioni, sensazioni fisiche, paure, furie improvvise... Grazie alla sua straordinaria versatilità, il mantello del **calamaro**, ricco di "cromatofori", di pigmenti cutanei che riflettono la luce, può cambiare colore all'istante, per adattarsi e favorire la caccia alle prede, per evitare di finire nella pancia dei nemici (molto spesso si tratta di suoi simili, che non disdegnano il cannibalismo), per attirare i compagni, corteggiare le femmine, scacciare i rivali e trasmettere segnali complessi all'indirizzo del mondo sottomarino.

Il ***Trachydosaurus rugosus***, una lucertola australiana, ha una coda corta e rotonda che funge da deposito di grasso, che confonde e disorienta i predatori, poiché è molto simile, nella forma, alla testa.

Tiliqua rugosa

Geco coda a foglia

Elefante marino

Sgraziati

Goffo e lento sulla terraferma, il corpulento **elefante marino**, nonostante le sue corte pinne e l'andatura sgraziata, in acqua è agilissimo, come anche il **tricheco**. Imparentato con il rinoceronte e con il cavallo, il **tapiro**, lungo un paio di metri, alto al massimo uno, del peso di 2-3 q, esibisce una piccola proboscide che termina con due narici, mentre gli occhi piccoli, le orecchie corte e ovali, le zampe brevi e la codina ne fanno un animale davvero buffo.

Tapiro sudamericano

Bruttoni e scherzi di natura

Il **pesce blob** è, forse, l'essere vivente più brutto del mondo. Vive nell'Oceano Pacifico, a una profondità compresa tra i 600 e i 1200 m. Il corpo, grigio rosato, chiazzato di bruno, è flaccido, gelatinoso, quasi privo di muscoli e lungo non più di 30 cm. Le pinne sono ampie e arrotondate, la testa grossa, gli occhi grandi, la bocca, sulla quale sembra abbia appena passato il lucidalabbra, è sempre pronta a ingerire qualunque schifezza gli capiti a tiro, purché sia commestibile. In un'ipotetica *top ten* degli animali più insoliti, meno attraenti, più originali, incredibili o sorprendenti (a volte persino nel nome), non si possono ignorare soggetti come il **clamidoforo troncato**, una sorta di armadillo con grandi unghioni, lungo poco più di una spanna, ricoperto da una fitta pelliccia sulla quale indossa… una corazza di dure placche ossee che lascia scoperta solo la coda. O il **toporagno elefante**, un minuscolo mammifero africano, simile a un topo, munito di proboscide, che si ciba di termiti e formiche. Il **marà**, un curioso roditore della Patagonia, non più grande di un cagnolino, sembra un incrocio improbabile tra un coniglio, un asino e una lepre, e trascorre la propria esistenza steso al Sole, rosicchiando cortecce.

La **talpa dal naso stellato** punta senz'altro a una medaglia olimpica tra i "bruttoni": vive nelle paludi nordamericane, è completamente cieca, ma grazie a un naso polipoidale (munito di una ventina di tentacoli rosa disposti a raggiera), che ricorda una stella marina, a un olfatto finissimo, a migliaia di ricettori tattili che ricoprono le appendici del muso e a unghioni potenti come scavatrici meccaniche, fa strage di insetti, lombrichi e molluschi, che afferra (in meno di 8 millisecondi), tritura, sminuzza e divora "a palate", grazie a 44 affilatissimi dentoni. Un canguro in miniatura?

Il **gerboa dalle grandi orecchie** misura una decina di centimetri, con due sventole di orecchie di 3-5 cm, più grandi della sua testa; per di più, le zampe posteriori sono molto più lunghe di quelle anteriori, come in molti marsupiali.

Più che un animale marino, il ***Dumbo octopus***, che vive a 300-400 m di profondità nell'oceano, sembra una lampada da tavolo…

Marà

Farfalla geometride

Nella migliore delle ipotesi, una seppia sovrappeso che fa le linguacce, mentre l'**isopode gigante**, il crostaceo più grande del mondo, oltre mezzo metro le sue misure, per 2 kg di peso, un autentico sommozzatore tant'è abile nelle immersioni, ha un'aria un po' aliena e inquietante, come quella della **farfalla geometride** dei monti Foja, in Nuova Guinea.

Aye aye

Lo **sphyns** non è una divinità egizia, anche se ricorda una statua di *Bastet*, la dea gatto adorata dai faraoni, tuttavia, l'aspetto di gatto imbronciato, dagli occhi espressivi e dal mantello nudo, che al tatto ricorda un pupazzo di gomma, o, al più, una pesca matura, non ne inficia il carattere dolce e affettuoso.
Il **cacajao rubicondo**, invece, è una piccola scimmietta calva (misura circa mezzo metro, per 3-6 kg di peso), dal volto glabro e rubizzo, il pelo arancione e la coda mozza e lanosa, che vive sugli alberi della foresta amazzonica.

Axolotl

L'**aye aye**, un primate di 40 cm, più altrettanti di coda, simile a un lemure, ma descritto anche come un animale con le orecchie da pipistrello, la faccia da volpe, gli occhi da felino, il corpo da scimmia, le zampette da strega (quella delle fiabe), dai pollici *opponibili* e la coda e i denti da scoiattolo, oltre che brutto, non ha parenti prossimi: unico rappresentante del suo genere, della sua famiglia, del suo infraordine, quello dei *chiromiformi*.
Brutti, per non dire orrendi, si contendono un posto sul podio, tra gli scherzi di natura, anche la **lampreda di mare**, un predatore parassita di 1,2 m, munito di grossi denti da *Dracula*, che si nutre principalmente del sangue di merluzzi, sgombri, aringhe, salmoni e persino di alcuni squali; il **pesce pipistrello a labbra rosse**, uno strano pesce dei fondali tropicali,

Lampreda di mare

il cui habitat ideale è il set di *Star Wars*, che, anziché nuotare, saltella facendo leva sulle gambette delle pinne pettorali e ha una testa piatta ricoperta di aculei; nonché l'**axolotl**, un anfibio cannibale, goloso di larve di zanzare, del lago messicano Xochimilco, la cui metamorfosi si ferma allo stato larvale (pur essendo, di fatto, un girino, può riprodursi), che non ha caso si è meritato l'epiteto di "mostro acquatico"; e infine, il **granchio yeti**, un enorme "scovolino" cieco, dotato di due spropositate chele giallastre munite di setole, dove prosperano colonie di batteri, che vive nei pressi delle sorgenti idrotermali sui fondali dell'Oceano Pacifico.

Tra le *new entry* nella gara dei racchioni, un posto di rilievo spetta senz'altro a un geco con la coda piatta del Madagascar, l'***Uroplatus phantasticus***, al **pipistrello yoda** delle foreste della Papua Nuova Guinea, altro personaggio da fantascienza, verdegiallo, con il naso a "doppio tubo", a forma di maschera antigas, che svolge un ruolo importante nell'inseminazione delle piante dei cui frutti va matto, e al **pesce hag**, presente negli oceani fin dal Carbonifero, dalla bocca senza mascelle, a forma di ventosa, munita di sei tentacoli, dove una lingua ripugnante succhia l'endolinfa (il liquido che riempie le cavità del labirinto e delle membrane dell'orecchio interno dei vertebrati), degli animali morti…

Geco dalla coda piatta

Ornitorinco con le uova

Ornitorinco a chi?

L'**ornitorinco** è uno strano animale che ha il becco di un'anatra, le zampe palmate, una folta pelliccia, lo scheletro di un rettile, depone le uova come gli uccelli e i rettili, è dotato di ghiandole mammarie, allatta i cuccioli, ed è classificato come mammifero. L'unico, in grado di iniettare sostanze tossiche nel corpo di un nemico: il maschio, infatti, può spruzzare veleno da uno sperone delle zampe posteriori sui rivali in amore durante la stagione degli accoppiamenti, o contro volpi e conigli selvatici. L'ornitorinco si immerge solo dove l'acqua è limpida e pura, sigilla occhi e orecchie e per scovare le prede ricorre ad alcuni sensori sul becco che, come dei radar, captano i piccoli campi elettrici che queste generano con i loro movimenti.

L'**echidna**, o **formichiere spinoso**, è un mammifero insettivoro dell'Oceania che depone le uova e ha il dorso ricoperto di aculei. Munito di becco, privo di denti, con narici e bocca minuscoli, si ciba di termiti e formiche, che cattura con la lunga lingua appiccicosa, conficcando il naso nel terreno

Più che brutto, da paura!

Il **clamidosauro**, un rettile dell'Oceania, deve il suo nome al collare, il rosso bruno clamide che dispiega come un ventaglio di fronte a una minaccia, cui segue lo spalancamento delle piccole fauci e l'emissione di sibili, allo scopo di mettere in fuga i predatori. Quando lotta con un avversario, sbatte la coda, rotea le zampe, assume la posizione eretta e ricorda un piccolo dinosauro del film *Jurassik Park*.

Clamidosauro

Quetzal

Concorso di bellezza

Il maschio del **quetzal splendente**, col suo maestoso piumaggio verde con riflessi iridescenti, il petto rosso fiammante, il becco giallo, lo strascico di penne caudali lungo oltre un metro, è, con le numerose specie di **uccelli del paradiso**, uno degli animali più belli del mondo. E tra i più aristocratici: in gabbia e in cattività si lascia morire d'inedia, mentre le uova deposte dalla femmina sono... celesti! Di incomparabile grazia ed eleganza, il **cigno reale** è, invece, completamente bianco, tranne il becco, di colore rosso, con una protuberanza nera. Vive in stagni, parchi, giardini e si nutre essenzialmente di piante acquatiche, che strappa dal fondale con il lungo collo periscopico, ma non disdegna i piccoli animaletti (crostacei, larve d'insetti, lumache), che vivono tra la vegetazione. Contraltare del cigno reale solo per il piumaggio, altrettanto ornamentale, il **cigno nero**, originario dell'Australia, nidifica nei laghi, nelle paludi e negli estuari dei fiumi.

Cigno nero

Metamorfosi

Goffo e arruffato, dal piumaggio grigiastro, da giovane, il **cigno reale**, tanto per non smentire la sua fama di uccello delle fiabe, dopo l'incantesimo della crescita, si trasforma in un regale, maestoso pennuto.

Cigno reale

Per secoli insostituibile mezzo di locomozione e strumento bellico (la sua domesticazione è avvenuta nel V millennio a. C.), forte e potente, il **cavallo** è un animale mitico e bellissimo, affettuoso (tanto coi suoi simili, che con gli esseri umani); socievole (se vive in branco, conosce ciascun membro del gruppo, riconosce l'autorità indiscussa della femmina più anziana e stringe saldissime amicizie); e animato da senso del dovere, tanto da operare, attraverso veglie e turni di guardia, assoggettandosi anche a notevoli carichi di lavoro, per il bene collettivo, per assicurare il meritato riposo ai compagni che, durante il sonno, potrebbero essere minacciati da eventuali predatori. Di tante razze (pesanti, da tiro, o da sella), taglie, manti (baio, o marrone; morello, nero; sauro, rossastro o color zenzero) e temperamenti diversi, i cavalli popolano, da sempre, le praterie di gran parte del mondo, nonché molte pagine di racconti e fiabe, e sono impiegati anche in molteplici attività sportive, ludiche (sagre popolari, manifestazioni folcloristiche, rievocazioni storiche), e medico terapeutiche.

La **pavonia maggiore** è la più bella farfalla notturna, non a caso il suo nome deriva dal disegno e dal colore delle ali che ricordano le penne del pavone.

Pavonia maggiore

Bestie rare

Ci sono animali che vivono solo in certe zone del mondo e che, proprio per l'isolamento cui sono stati costretti, hanno sviluppato caratteristiche molto particolari. Come la **saiga**, che appartiene alla famiglia delle antilopi (solo i maschi hanno le corna), e vive esclusivamente nelle steppe semidesertiche della Russia, dove percorre distanze notevoli e guada fiumi, nutrendosi di piante, alcune delle quali velenose per molti animali. Il naso gonfio e gibboso, simile a quello dei tapiri, d'estate e nelle stagioni secche e ventose filtra la polvere, o la sabbia, mentre d'inverno riscalda l'aria gelida della tundra prima che raggiunga i polmoni. Alta 60-80 cm, pesante attorno ai 60 kg, se il folto pelo marrone la protegge dai rigori del clima, gli occhi grandi le consentono di avvistare da lontano i predatori, specie lupi e volpi, che, tuttavia, al pari

dell'uomo, nel corso dei decenni, hanno contribuito a decimarla.
Nel *lago Bajkal* sguazza l'unica foca d'acqua dolce della Terra (non è chiaro agli zoologi come abbia potuto percorre i 2000 km che separano il *Mare Artico* dal lago), la **nerpa**. Oltre che più piccola e graziosa, rispetto alle specie marine, in virtù delle eleganti sfumature grigio argento del suo manto, rivela anche un'indole più curiosa e affettuosa, come dimostrano le grandi cure riservate all'allattamento e svezzamento della prole.
Nelle acque del fiume *Yangtze*, in Cina, forse nuota ancora il **lipote**, un delfino color blu pallido, appartatissimo, dagli occhi molto piccoli e il rostro lungo e stretto.
Il **coniglio striato di Sumatra** e **quello annamita** del Laos, timorosi e lenti nei movimenti, due specie elusive, avvistate solo pochissime volte, lunghi entrambi 40 cm, con minuscole code di poco più di 1,5 cm e orecchie che non superano i 4,5 cm, hanno il corpo ricoperto da una soffice e folta pelliccia grigia con striature brune, mentre il manto delle code è rossiccio e il ventre bianco.

Gattoni

Il leone

Il **leone** appartiene alla famiglia dei Felidi: è un animale possente, di più di 2 metri e mezzo di lunghezza, 3 con la coda, alto 1 metro e 20 cm, del peso di 2 quintali, con testa e arti molto robusti, grandi pupille e micidiali **artigli falciformi**, retrattili come quelli dei gatti.
Il mantello è di color giallo ruggine, negli esemplari adulti, mentre nei cuccioli è più scuro e maculato, per meglio mimetizzarsi con l'ambiente. La specie è caratterizzata da un notevole **dimorfismo sessuale**, che nei maschi trova la sua manifestazione più evidente nella folta **criniera** di pelo fulvo e scuro, che oltre a conferire al leone un aspetto maestoso, ne protegge il collo

Leone

Leonessa con il cucciolo

e il capo durante le lotte con i rivali.
Diffuso un tempo anche nei Balcani, nella Penisola Arabica, in Persia, nel nord Africa e nel Sahara, il leone ha oggi il suo habitat naturale nella **savana africana**, con l'unica eccezione dell'oasi di Gir, nel Gujarat, in India, dove vivono ancora 200 leoni asiatici.
È l'unico felino che vive in branco, più che altro in **gruppi familiari allargati**, che possono contare da 5 o 6, fino ad una trentina di individui, tra femmine, cuccioli e giovani leoni, di fatto l'harem e i piccoli del maschio dominante, che trascorre gran parte della giornata sonnecchiando pigro tra l'erba alta o all'ombra di qualche albero, mentre alle leonesse è demandato l'onere della caccia.
Il territorio dei leoni si estende su aree vaste anche un centinaio di kmq, marcato dai maschi con orina e secreti ghiandolari, mentre la funzione preminente dei loro potentissimi **ruggiti**, udibili a distanze considerevoli, anche oltre gli 8 km, è quella, all'alba e al tramonto, di scoraggiare l'invasione del loro "regno"da parte di eventuali intrusi: leoni nomadi e "solitari", scapoli in cerca di sistemazione, o possibili contendenti al primato del branco.
Le **prede dei leoni** sono principalmente: antilopi, impala, gnu, zebre, bufali, giraffe, cuccioli di elefante e d'ippopotamo, o, più raramente, serpenti e coccodrilli. Più che prendere parte attivamente, i maschi assistono da una certa distanza alla caccia praticata in gruppo dalle **leonesse**, e sebbene il loro ruolo sociale preveda perlopiù il combattimento e la difesa attiva del clan familiare, non disdegnano di banchettare per primi, a scapito dei cuccioli e degli esemplari più vecchi e deboli.
Opportunisticamente, i leoni maschi tendono anche a rubare le

prede ad altri felini, come leopardi e ghepardi, e in certi casi si cibano persino dei propri cuccioli. Durante la stagione degli amori, scoppiano frequenti **dispute tra i maschi**, che si contendono le femmine pronte per l'accoppiamento. Dopo una gestazione di circa quattro mesi, la leonessa partorisce da 2 a 4 cuccioli, lontana dal branco, in una tana al riparo di rocce o cespugli; si occupa del loro svezzamento, e dopo qualche settimana si ricongiunge al branco, assumendo non di rado, con altre femmine, il ruolo di "balia" della prole del gruppo allargato, alternando così il ruolo di madre a quello di cacciatrice. I **leoncini** succhiano il latte materno fino agli 8 mesi d'età. Nei leoni, la **caccia** è un'attività sociale, di gruppo, che vede impegnate di regola le femmine adulte libere da incombenze "familiari", come l'allattamento o la cura dei piccoli, alla cui protezione provvede un efficiente, matriarcale, servizio di *nurse*, che affida altresì al padre il compito di giocare con loro e di addestrarli alla lotta e alla difesa del territorio almeno fino ai 2 anni, età nella quale entrano a buon titolo nella schiera dei giovani leoni. Straordinaria si rivela la capacità di pedinamento e cattura di grandi prede, messa in mostra dalle leonesse, che si avvalgono di una **tecnica raffinatissima**, basata su una rigorosa divisione dei compiti, una studiatissima, furtiva marcia di avvicinamento alla vittima designata, sulla scelta del momento opportuno per

Leone durante il pasto

Cucccioli di leone

fianchi e sulla colonna vertebrale, hanno spesso la meglio su esemplari spesso selezionati con fiuto ed esperienza tra quelli giovani, feriti o malati. Una volta sazi, i leoni acconsentono a dividere il pasto con sciacalli, avvoltoi e branchi di iene...

Tra i 9 mesi e l'anno di vita, nei leoni avviene la sostituzione dei denti da latte con quelli definitivi. Si tratta di un periodo molto delicato, tanto che non è raro che i **cuccioli** soffrano di febbri letali, o che dolori molto forti ne pregiudichino per un certo tempo la crescita e la salute. Se sopravvive a questa prova, il giovane è pronto, con i suoi 30 robustissimi denti nuovi di zecca, e la lingua uncinata, munita cioè di papille in grado di staccare carne e tendini dalle ossa, a sbranare ogni preda... e a correre libero per la savana! Preferisce però rimanere accanto a mamma e papà ancora per un bel pezzo!

l'attacco, in virtù di una serie di mosse intelligenti: ripetute diversioni, simulazioni e poste, scatti, che hanno l'obiettivo di condurre l'animale al varco, dove lo attendono l'agguato e la morte. Per quanti tentativi possa mettere in atto la terrorizzatissima preda per sottrarsi, con una fuga precipitosa, al proprio destino, è assai difficile sfuggire ai leoni che con un agile balzo sul dorso della vittima, potenti morsi al collo e nelle carni, e zampate letali sui

Avvoltoi

Leonessa

La tigre

Con i suoi 3 q di peso, per quasi 3 m di lunghezza, la **tigre**, tra i grandi felini, è quello con la mole maggiore. All'apice della catena alimentare, non ha predatori in natura tranne l'uomo. Il mantello è giallo bruno, striato (tuttavia, oltre a **tigri *albine***, senza strisce, si segnalano anche **tigri bianche**, affette cioè da leucismo, una mutazione del manto dovuta a un gene recessivo), l'udito e la vista sviluppatissimi. Vive in Asia, in un habitat sempre più ristretto (la sua presenza, poche migliaia di esemplari, è segnalata in 13 paesi dell'estremo oriente), e partorisce dai 2 ai 4 **cuccioli**, uno dei quali destinato a diventare "dominante" sui fratelli, totalmente ciechi alla nascita e dipendenti in tutto e per tutto dalla madre (il padre non si cura in alcun modo della prole), che si fa carico di procurare loro il cibo e di addestrarli fino ai 2 anni circa. **Animali solitari**, le tigri hanno uno spiccato senso della territorialità, rifuggono gli spazi aperti e marcano il territorio graffiando gli alberi con gli artigli, spruzzando urina sulle piste, o depositando feci lungo i confini del loro dominio. La tigre dedica gran parte delle sue energie alla **caccia** (per questo dorme o riposa la maggior parte del tempo), e, inseguendo la preda, può percorrere enormi distanze in una sola notte, per poi strisciare

Tigri di Sumatra

Tigre del Bengala

Tigre del Bengala

furtiva nell'erba alta, o nella fitta boscaglia, fino a sferrare l'attacco finale e sorprendere l'incauta vittima, balzandole alla gola, o azzannandola alla nuca con i robusti canini di oltre 10 cm. Le sue prede sono, perlopiù, cervi, gaur (bovini selvatici), cinghiali, persino bufali indiani di quasi una tonnellata. **Buona nuotatrice**, al contrario del leopardo non trascina la carogna su un albero, ma al riparo di piante e cespugli, nella foresta, in un luogo isolato, magari nelle vicinanze di un corso d'acqua, per potersi facilmente dissetare, fuori dalla portata di animali spazzini come sciacalli e avvoltoi. È frequente, infatti, che torni a **spolpare la carcassa** anche per più giorni di seguito, perfino quando imputridisce, mentre la sua voracità si spinge fino al punto di leccarsi i baffi davanti a reni, polmoni e fegatini…

Cuccioli di tigre

Ghepardo con cucciolo

Il ghepardo

Velocissimo, dotato di uno scatto prodigioso, lungo quasi un metro e mezzo, per un peso che di rado supera i 60 kg, il **ghepardo** non possiede le unghie retrattili tipiche dei felini. Cranio piccolo, profilo arcuato e aerodinamico, la pupilla degli occhi che ricorda quella dei puma, il pelo corto e ispido, il manto maculato, di color fulvo chiaro o bianco grigiastro, vive in branchi ristretti di pochi maschi nell'africa centromeridionale. Animale **diurno** (contrariamente agli altri felini), non tende agguati, ma bracca le sue prede; così, le sue battute di caccia, la posta, le **corse fulminee**, gli inseguimenti estenuanti di gazzelle, zebre, impala, o gnu, iniziano solo dopo che si è accertato dell'assenza, nei paraggi, di leoni, iene o leopardi, contro cui non può lottare o competere senza esserne sopraffatto. Raggiunta la vittima, la atterra con le zampe anteriori, poi, con un morso alla gola, la soffoca, la trascina all'ombra e, dopo aver ripreso fiato, la divora rapidamente, prima di doverla contendere a qualche altro carnivoro. Il ghepardo **marca il suo territorio**, che si estende in un'area di 50 kmq, urinando o defecando su tronchi d'albero e termitai, che utilizza anche come punti d'avvistamento per prede e predatori.

La **femmina** partorisce da tre a nove cuccioli (i quali nascono ciechi, ricoperti, sulla nuca e sul dorso, da una sorta di peluria argentata), in luoghi riparati, nel folto della vegetazione o negli anfratti delle rocce. I **piccoli**, dopo poche settimane, seguono la mamma per le prime lezioni di addestramento alla caccia, benché è raro che prima dei 18 mesi d'età riescano a catturare prede vive.

Ghepardo

Ghepardo

Il leopardo

Splendido e flessuoso, il più diffuso dei felini, il **leopardo**, rispetto ai leoni e ai ghepardi conduce un'esistenza schiva e solitaria; grazie ai suoi formidabili **artigli**, si arrampica facilmente sugli alberi, fino a grandi altezze, dove trascina le sue prede, tra cui figurano lepri, antilopi, topi, zebre e persino insetti. Lungo quasi 2 m, pesante fino a 90 kg, il leopardo corre alla velocità di 60 km/h e spicca balzi di 6 m, alti anche 3. I **cuccioli** imparano tutto ciò che serve alla loro sopravvivenza nel primo anno di età, dalla madre: a nascondersi nel fitto della foresta, a cimentarsi nelle prove di combattimento, a cacciare furtivamente, a tendere agguati, a immobilizzare le prede. Ventre a terra e orecchie basse, si avvicinano di soppiatto per poi avventarsi addosso alla preda d'improvviso, prendendola al collo. Come i gatti, evitano le pozze d'acqua per non bagnarsi le zampe, inoltre, anziché ruggire, emettono dei suoni rauchi simili alle **fusa**. Non tutti i leopardi presentano il caratteristico mantello maculato, alcuni, a causa del melanismo, un eccesso di pigmentazione scura del manto che ha origine nei geni dell'animale, nascono con una pelliccia apparentemente nera e sono così classificati come **pantere nere**. In natura, si trovano anche **pantere bianche**, affette cioè da albinismo.

Leopardo

Puma

Il coguaro o puma

Noto anche come **coguaro**, o **leone di montagna**, il **puma** è un felino carnivoro diffuso solo nel **continente americano**, in ambienti desertici, tropicali e temperati, dal livello del mare, fino a quote superiori ai 5000 m d'altitudine. Il colore della pelliccia è uniforme, e varia dal marrone rossiccio al grigio, le dimensioni sono di 2 m circa, per 50-70 kg di peso. Rispetto agli altri felini, il puma ha arti posteriori proporzionalmente più lunghi, il capo piccolo e una macchia nera sopra gli occhi, non è in grado di emettere ruggiti, ma solo **vocalizzi** e richiami diversi nei due sessi. Caccia prevalentemente ungulati di grossa taglia (cervi), mentre la femmina partorisce da 2 a 4 **cuccioli**, che alla nascita sono caratterizzati da macchie scure sul dorso, una coda ad anelli e due luccicanti occhi azzurri…

Giaguaro

Il giaguaro

Il giaguaro è un animale enigmatico e appartato, venerato in passato come una **divinità dalle civiltà precolombiane**. Terzo in ordine di grandezza tra i grandi felini, dopo la tigre e il leone, misura circa 2 m e pesa attorno al quintale e mezzo, vive solo nelle americhe, e sfoggia un sontuoso **manto maculato**, dorato e luccicante. Tra le sue prede preferite spiccano: pecari (suini simili a cinghiali), armadilli, cervi dalla coda bianca, mazama, cervi nani sudamericani, tapiri, che il giaguaro caccia con la tecnica dell'agguato, azzannandoli alla testa o al collo. Il giaguaro è l'unico felino del Nuovo Mondo che **ruggisce** (contrariamente al puma, alle pantere o al coguaro), e il suo richiamo serve a segnare il territorio (che, nel suo caso, si estende fino a un'area di 150 kmq), così come affilare le unghie sulle cortecce degli alberi, o spargere urina raspando il terreno. I **piccoli** rimangono con la madre per un periodo di circa 2 anni ed alcuni esemplari nascono melanici, con la pelliccia di un colore che va dal bruno al nero.

L'ocelot

Con movenze lievi ed eleganti, l'**ocelot,** un predatore centramericano di 9-16 kg, che caccia roditori come gli aguti, iguane, uccelli terricoli e, in qualche caso, persino bradipi e scimmie urlatrici, si aggira per la foresta, attento a non farsi sorprendere, al punto che i suoi avvistamenti, oltre che rari, appaiono straordinari.

Ocelot

Crostaceo abissale

Abissi!

Negli abissi marini vive una moltitudine di pesci e specie animali dalle caratteristiche e dalle forme più bizzarre, in gran parte ancora sconosciute.

La maggior parte di questi organismi si è adattata a un habitat ostile, caratterizzato dalla mancanza di luce e di calore (oltre i 1000 m di profondità il buio è pesto), dalla fortissima pressione e dall'alto grado di salinità dell'acqua. Per questo, molti di loro sono ciechi o hanno occhi primitivi e una visione molto ridotta; non a caso, alcuni sono dotati di "**fotofori**", speciali organi che emanano luce, per disorientare gli aggressori o per attrarre le prede. Inoltre, sono quasi tutti carnivori o "*saprofagi*", si cibano cioè dei resti di animali morti piombati sul fondo dagli strati superiori, o dalla superficie marina. La scarsità di risorse è tale, che molti pesci abissali, pur di non lasciarsi sfuggire ogni potenziale preda, hanno sviluppato speciali organi di senso: antenne e olfatto sofisticatissimi, udito sensibilissimo, in certi casi occhi grandissimi posti sulla sommità del capo, bocche con

Cetriolo di mare

dentature enormi e apparati digestivi in grado di ingoiare corpi anche di dimensioni doppie rispetto al proprio!

Infine, benché perlopiù gracili o piccoli (nell'acqua ferma degli abissi marini non occorre essere prestanti per vincere la forza

Pesci Lanterna

Ofiura nera

delle correnti, pressoché assenti in quell'ambiente, o per non sprofondare sull'insidioso fondo fangoso), alcuni pesci sono cresciuti in… lunghezza, o hanno sviluppato pinne gigantesche! I loro scheletri poco calcificati e i tessuti molli conferiscono del resto alla fauna abissale forme a volte, all'apparenza, **mostruose**… Così, accanto a ogni genere di creature fosforescenti, a cespugli di **vermi** lunghi fino a un metro, sul fondo delle fosse oceaniche vivono **ofiure** simili a stelle marine sottili e tentacolari, **oloturie** dalle mille appendici, di cui si servono per ancorarsi nella melma e nelle sabbie mobili, e un tipo di **spugna** vetrosa simile a un ciuffo di paglia.
Il **pesce mandibola**, per esempio, sotto gli occhi è provvisto di quattro "fanali" (due emettono luce rossa, due luce verde, come un semaforo sottomarino), di cui si serve per stanare le sue prede. La **vipera di mare** dispone invece di tanti "*fotofori*", una serie di lucine colorate, lungo i fianchi, che indirizzano le vittime in corrispondenza della sua grande bocca provvista di zanne trasparenti.

Oloturia tropicale

Drago di mare
Drago di mare

Stella serpentina liscia

I denti del **drago di mare nero**, che emette insidiosi bagliori dalla pancia e da un filamento sotto il mento, sono così grandi che per chiudere la bocca è costretto a… ripiegarli. Grazie a una bocca smisurata e a uno stomaco molto duttile ed estensibile, l'**inghiottitore nero** e l'**anguilla pellicano**, possono divorare prede molto più grandi di loro, mentre la straordinaria, nastriforme lunghezza del **re di aringhe**, oltre gli 11 m, è all'origine delle leggende sui serpenti di mare e sui mostri marini.
Infine, se il **sauro feroce** va fiero della sua spettacolare, altissima pinna dorsale e dei suoi "canini", grandi denti aguzzi e sporgenti, che gli conferiscono un aspetto feroce, i caratteri distintivi dello **squalo goblin** delle acque giapponesi, sono la stranissima forma della testa, con il lungo rostro simile a un becco che gli spunta dal muso, le lunghe mascelle "*protrusibili*", il colore rosa del corpo e… il fegato, di 40 kg, un quarto del suo peso totale.
La **rana pescatrice** conta centinaia di denti, che spuntano all'improvviso, al momento giusto, dagli alveoli dentro i quali trovano.

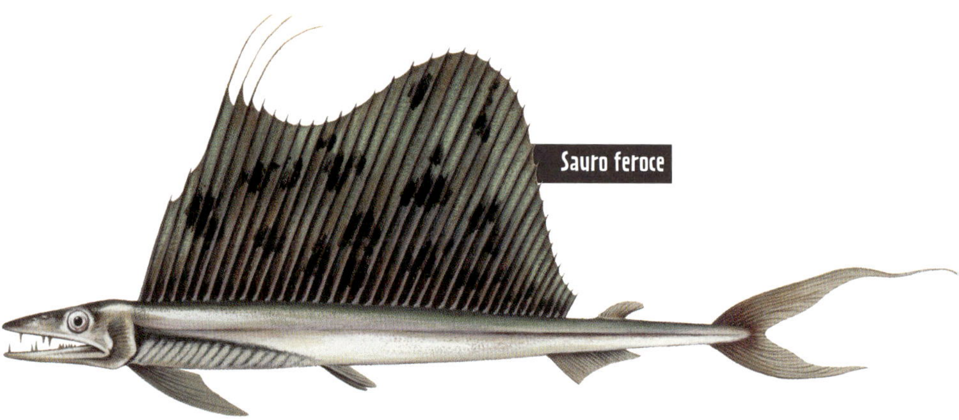

Essere o non essere…

Dalla comparsa delle prime forme di vita sulla Terra, 2,5 miliardi di anni fa, si sono registrate almeno **5 grandi estinzioni di massa**. Stiamo parlando dalla scomparsa simultanea di migliaia di specie viventi, che i paleontologi (gli scienziati che studiano i ritrovamenti fossili degli animali vissuti nel corso di lontane ere geologiche), attribuiscono a diverse cause: variazioni del clima, mutamenti improvvisi dell'habitat, profonde modificazioni della crosta terrestre, catastrofi naturali, come immani eruzioni

Fossile di ammonite

Ammonite in una rappresentazione artistica

Fuga di un branco di Hadrosaurus da un incendio

vulcaniche, l'impatto del pianeta con gigantesche meteoriti. La più celebre estinzione di massa, quella cretacica, della fine del Mesozoico, un'epoca compresa tra i 70 e i 65 milioni di anni fa, vide la scomparsa dei dinosauri, dei rettili volanti, di quelli marini e di moltissime specie di invertebrati che vivevano nell'acqua, in particolare le **ammoniti**, minuscole conchiglie fossili presenti nei ritrovamenti di un gran numero di rocce calcaree. Si calcola, che dal 50% al 70% delle specie allora esistenti siano andate perdute per sempre.

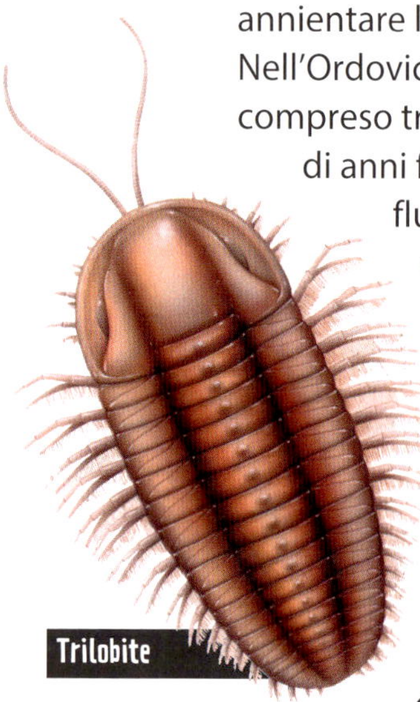

Trilobite

In precedenza, altre grandi estinzioni avevano minacciato di annientare la vita sulla Terra. Nell'Ordoviciano, in un tempo compreso tra i 500 e i 470 milioni di anni fa, a causa delle forti fluttuazioni del livello del mare, scomparve per sempre l'85% delle specie marine, tra cui molti **brachiopodi**, dei piccoli organismi simili a molluschi. Nel Devoniano (360-350 milioni di anni fa circa), l'83% dei pesci più arcaici, i **placodermi**, primitivi, temibili predatori degli oceani dotati di robuste mascelle, si estinse a causa dell'improvviso raffreddamento della Terra, dovuto forse alla caduta di un meteorite, che causò una repentina diminuzione del livello di ossigeno nei mari.
L'estinzione del Permiano, 250 milioni di anni fa, riguardò i dominatori incontrastati dei mari, i **trilobiti**, animali dotati di corazza e antenati degli artropodi: il 95% delle specie marine scomparve per le violente variazioni del clima e dei livelli degli oceani, per l'intensa attività vulcanica del pianeta e, probabilmente, anche per una pioggia di comete e asteroidi che si abbatté sul suolo terrestre.

Fossile di trilobite

Foresta pietrificata

Infine, nel Triassico, 200 milioni di anni fa, ancora una volta l'80% delle specie marine sparì dalla storia dell'evoluzione, a causa di eruzioni vulcaniche di tale portata da determinare un violento riscaldamento del clima della Terra e delle acque degli oceani.
Ai nostri giorni, molti biologi, zoologi ed etologi hanno lanciato l'allarme riguardo a quella che si annuncia come la prossima, la sesta, grande estinzione di massa, la prima provocata dall'**uomo**.
I pareri sono discordi, tuttavia si stima che attualmente le specie animali scompaiano a un ritmo 10.000 volte superiore al loro naturale tasso di estinzione. Sebbene sia, in certa misura, "naturale" che alcune di queste si estinguano periodicamente a vantaggio di altre, più "adattate" o "specializzate", alcuni dati sono tuttavia inquietanti. Basti pensare che il 95% delle tigri e dei leoni sono scomparsi nell'arco degli ultimi cento anni, durante i quali sono stati cacciati e uccisi non meno di 10-12 milioni di elefanti, e che alla stato attuale sono in pericolo il 22% dei mammiferi, il 30% degli anfibi, il 13% degli uccelli, il 27% dei coralli di barriera, in tutto circa 17.000 specie.

Fossile di pesce del Triassico